選挙活動の手引き

２０２３年版

目次

はじめに――『選挙活動の手引き（2023年版）』の発行にあたって

4年ぶりに『選挙活動の手引き』を改訂しました。

『選挙活動の手引き』は、これまで選挙活動に関する党大会決定や中央委員会総会決定をふまえて、「日本共産党の躍進をどうかちとるか」に主眼をおいて、選挙の方針、それにかかわる定石や鉄則、実務などを示すものとして作成してきました。

今回の『手引き』は、日本共産党第28回大会決定（2020年1月）とその後の中央決定、党創立100周年記念講演（22年9月）、全国都道府県委員長会議の幹部会報告（22年11月）などをふまえたものです。特に留意したのは以下の点です。

日本共産党第28回大会（20年1月）では、前大会の選挙方針を抜本的に発展させることを提起しました。第27回党大会（17年1月）では、「野党共闘の前進と党躍進の一体的追求」、「市民・国民とともにたたかう壮大な選挙戦に発展させる」、「結びつき・つながりを生かして選挙勝利に結実させる『選挙革命』の活動」、「インターネット・SNSを駆使した双方向での宣伝・組織活動」の5点を提起しました。第28回党大会では、この5点をひき続き基本に据えつつ、「批判とともに希望を語る政治論戦」、「あらゆる活動で双方向をつらぬく」、「選挙の担い手を広げ、みんなが立ち上がる選挙にする」、「幅広い団体との協力・共同のとりくみを発展させる」、「若い世代が生き生きと力を発揮できる選挙に」、「熟達した選挙指導の発展・継承」という発展方向を示しました。

この間の地方選挙や国政選挙をつうじて若い世代の中で生まれている希望ある流れや、市民、サポーターによる選挙ボランティアの画期的な広がりなど、学び生かすべき経験があります。6中総決定（22年8月）では、参院選を踏まえ、担い手を広げる「折り入って作戦」を、選挙必勝の組織活動のカナメとして本格的に推進することを提起しました。

今回の『選挙活動の手引き』の改訂にあたって、これらを全面的に反映させ、「新しい情勢」をどうとらえ、選挙戦にどのようにとりくめばよいのかがわかるものとなっています。また、選挙指導の経験が浅いみなさんが、候補者や選対の任務を担う状況が広がっていることに留意し、できるだけ具体的に記述し、広く活用できるようにしました。

全国の党組織のみなさんが、第27、28回党大会決定や時々の中央の諸決定を身につけ、今回改訂された『選挙活動の手引き（２０２３年版）』を生かして、いっそう奮闘されることを期待します。

２０２２年12月　日本共産党中央委員会選挙対策局

1 「大逆流」をおしかえし、日本共産党の躍進で政治の「夜明け」をきりひらこう
――選挙戦に挑む構えと目標

党のあらゆる活動をすすめていくうえで、広い視野で情勢をつかみ、攻勢的な構えを確立することが大事です。選挙では、情勢のとらえ方によって、構えも、論戦や作戦も変わってきます。そのためにも、志位和夫委員長の党創立100周年記念講演や時々の中央決定を学び、身につけるようにしましょう。

1、野党共闘の再構築のカギは日本共産党の躍進・勝利

2015年の安倍自公政権の安保法制＝戦争法の強行に反対する国民的な大運動の高まりに背中を押され、わが党は党の歴史のうえでかつてない市民と野党の共闘で政治を変える新しい挑戦に踏み込みました。これにたいし危機感にかられた支配勢力は一部メディアも総動員して、日本共産党が参加する連合政権の樹立という事態を阻止するために、熾烈（しれつ）な野党共闘攻撃と反共攻撃を展開しています。この攻撃に、ウクライナ侵略に乗じた反共・改憲・大軍拡の攻撃が加わりました。わが

党は今、この「二重の大逆流」を押し返すたたかいのさなかにあります。

反共・反動のキャンペーンの一番の被害者は国民です。安倍政権以来の自公政権は、「アベノミクス」で格差と貧困をさらに深刻にしました。日本は世界でも例外的な「賃金が上がらない国」、「成長できない国」に落ち込み、安保法制の強行など立憲主義・民主主義・平和主義の破壊がすすんでいます。「森友・加計、桜を見る会」、統一協会との癒着、安倍元総理の「国葬」強行など、政治モラルの退廃も底なしになっています。

こうして自公政権と国民との矛盾が蓄積し、支配はもろく弱いものになり、「日本の情勢は、大局的・客観的にみるならば、新しい政治を生み出す『夜明け前』」（党創立100周年記念講演）になっています。

この「夜明け」を切り開く最大のカギは、異常な対米従属と財界中心の政治のゆがみを根本からただす綱領をもっている日本共産党の躍進です。野党共闘破壊の攻撃によって共闘が大幅な後退を余儀なくされている状況にありますが、安保法制廃止をはじめとする諸課題を実現するためには「野党連合政権」が必要であり、日本の政治を変えるうえで必然性をもっています。

自公政権とその補完勢力に野党と市民の共闘が対決する「野党連合政権への道を開く日本の政治の新しい時代」（第28回党大会決定）は、市民運動の大きな発展と日本共産党の躍進で切り開いたものです。野党共闘の再構築のためには、国民の願いにこたえるたたかいをあらゆる分野でおこすとともに、日本共産党の政治的躍進が最大の推進力になります。

「4つの巨大な変化」——綱領路線の発展、自民党政治の行き詰まり、日本共産党の政治的影響力の大きさ、国際政治での〝主役交代〟――に確信をもって、党づくりと選挙での躍進・勝利をめざして奮闘しましょう。

新自由主義による地方自治体の変質を許すのか、住民福祉と地方自治の拡充か

地方政治をめぐる政治的対決は、新自由主義の押し付けで「自治体が自治体でなくなる」変質を許すのか、「住民福祉の増進」という自治体の本旨にたった地方自治の拡充か、にあります。

安倍内閣以来の歴代自公政権は、「国際競争力」の名のもとに、港湾や高速道路など大型開発の負担を地方自治体に押し付けてきました。「公的サービスを産業化する」として、学校や病院、公民館、公営住宅などあらゆる公共施設を統廃合し、民間委託をすすめるとともに、上下水道の広域化と民営化、都市インフラの再開発と周辺地域の切り捨てをねらっています。自治体の個人情報を多国籍企業などが食い物にする「行政のデジタル化」など、新自由主義の「地方行革」を押し付けています。

地方自治体の多くは、わが党を除く自公中心の「オール与党」体制が支配的ですが、そのもとで日本共産党議員（団）が唯一の野党として奮闘し、「国の悪政の防波堤」となり、住民と力を合わせて切実な願いを実現するなど、その値打ち・役割が光っています。

それだけに地方選挙での日本共産党の躍進は、「住民福祉の機関」としての地方自治体の役割を前進させ、住民要求実現の最大の保障になるとともに、地方から国の悪政にノーの審判を下し、「市民と野党の共闘」を前進させるうえで大きな力になります。

また、矛盾が激化しているもとで、首長選挙で自公政治の転換をめざす「市民と野党の共闘」が勝利するなど、新しい発展が生まれていることも重視しましょう。

選挙は、国民が主権者としての権利を行使する最大の機会です。投票する理由の第1位は「政治をよくするためには投票することが大事だから」（「明るい選挙推進協会」２０１９年統一地方選の調査）と前向きです。日本共産党と候補者の訴えが広い有権者の心をとらえ、「自分たちの願いをたくせるのはこの党（候補者）だ」という思いを大きく広げることができるなら、わが党は必ず躍進できます。

2、「党の現在と未来にとって死活的な課題の党づくり」は選挙勝利に向けた不可欠の課題

（1）党建設の現状の抜本的打開のために全力を

日本共産党と国民との関係が、前向きに変化しているにもかかわらず、この数年来、国政選挙と地方選挙で議席と得票の後退が続いています。その根本には党建設の後退があります。このことは、どこでも選挙や日常活動をとりくむうえで直面し、実感していることだと思います。党づくりは「わが党の現在と未来にとって死活的課題」になっており、いま全党は、党建設の現状の抜本的な打開のために全力をあげています。１９６０年代から70年代末までの党の第一の躍進は、60年代

の党建設の飛躍的発展という強固な土台の上にきずかれました。その教訓を学び、「強く大きな党をつくり、その力で選挙に勝ち、さらに大きな党をつくる」という法則的発展を何としてもつくりだし、次の躍進＝第四の躍進は「勝つべくして勝った」といえる躍進を実現させましょう。また、要求にもとづく住民運動を大いに発展させ、選挙独自の活動も大きな構えで宣伝、組織活動をやりぬきましょう。

選挙準備を早くからはじめ、自力をつけながら勝利できるとりくみを

同時に私たちは、党建設の後退があるから選挙での後退はやむをえない、という立場に決して立たず、選挙に向けていかに党建設を前進させるか、候補者の決定に全力をあげるとともに、いかに早くから選挙準備を始め、自力をつけながら勝利できるように、やるべきことをやりぬくかに挑戦しています。

各地の選挙では、党員と読者の陣地を前進させて選挙戦をむかえて勝利した経験、自力づくりの努力を強めつつ選挙準備を早くからすすめ勝利した経験、新入党員が宣伝や結びつきを生かした支持拡大で大きな力を発揮し勝利に貢献した経験なども生まれています。

党機関と支部は、世代的継承・党員と読者の拡大と党づくりを選挙勝利をかちとる不可欠の課題としてとりくみ、選挙戦を必ず党勢の上げ潮でむかえましょう。さらに選挙で生まれた条件をいかして党勢拡大を前進させる「好循環」をつくりだしましょう。そのためにも、「選挙勝利に必要なあらゆることを必ずやり抜くこと」と、「選挙戦をつうじて、党が質量ともに強くなるたたかいを

する」という「二つの構え」を堅持してたたかいぬきましょう。

（2）党創立100周年記念講演を生かし、党を語り積極的支持者を増やす活動の強化を

日本共産党の躍進をかちとるカギは、党づくりとともに、比例代表選挙をあらゆる党活動の軸にすえて日常的にとりくむことです。

比例代表選挙は、国民の意思を正確に反映するもっとも民主的な制度であり、今の選挙制度のもとでは、この比例代表選挙こそ、日本共産党が議席を伸ばす「主舞台」です。躍進した2014年衆院選では「他に投票するところがないから」と比例代表で党を支持していただいた方々がたくさん生まれましたが、次の17年衆院選では後退を喫しました。これは、選挙後に日本共産党の「積極的党支持者」になっていただくための働きかけや、そのための中央のイニシアチブが不十分だったためです。党を語り、日常的に積極的支持者をふやす活動は、その反省にたった提起ですが、「大逆流」を押し返すうえでもますます重要です。

この活動は、反共攻撃への反撃という「防衛的」なとりくみにとどまらず、「党の側から積極的に日本共産党の綱領や政策、歴史、理念を語り、党名などへの誤解や疑問を解き、積極的に党を支持してくれる方々を増やそう」という攻勢的な活動です。志位委員長の党創立100周年記念講演は、いまわが党にたいして加えられているさまざまな攻撃と、そこから生まれる誤解や偏見を根本からとりはらう攻勢的な解明を行っています。この記念講演を学び力にして、党を語る活動を強め

ましょう。

積極的支持者を増やすことは、国政選挙と地方議員選挙で前進をかちとる共通の土台になります。地方選挙でも、反共攻撃に反撃し、党への疑問にかみ合わせて党を押し出すとともに、その地方の問題と結んで党と党議員（団）の値打ちを訴えましょう。

その点で、「綱領を語り、国政と地方政治の未来を語り合う集い」は、党員も支持者も気軽に、双方向で語り合える絶好の機会です。「集い」には、積極的支持者づくり、担い手づくり、党の自力づくり、の「一石三鳥」の力があります。党員一人でも「集い」の主催者になれますから、構えず、日常的にどんどん開いていきましょう（47～49ページ参照）。

3、新しい情勢にふさわしく、選挙方針を発展させよう

（1）「市民とともにたたかう選挙」、若者が輝く選挙に

国民一人ひとりが、主権者として、自由な、自発的な意思で立ち上がり、声をあげる、戦後かつてない「新しい市民運動」がわきおこり、豊かに発展しています。2021年にもちあがった検察庁法の改悪の企てを国民の世論と運動でストップさせました。改悪に反対するツイッターデモは一人からよびかけられ、またたく間に広がりました。「反対するのは共産党」という攻撃にたいして「#共産党は私だ」が大拡散され、自公政権を追い詰め、廃案に追い込みました。

いま自公政権の暴政にたいして、国民の怒りと不信が広がり、さまざまな分野で国民運動の新たなうねりが起こっています。その根底には、「異常な対米従属」と「異常な財界中心」を特質とする自民党政治と国民との矛盾が、いよいよ深刻になっているという、社会の土台での激動があります。

この間の地方議員選挙は厳しいたたかいが続いていますが、「大逆流」の中でも得票を大幅に伸ばして勝利した経験や定数1、2の補選で勝利した経験も生まれています。党の訴えが届けば、新しい支持が広がる条件が有権者の中に確実に存在するということです。

22年参院選では、SNSなどをつうじて、党と直接的な結びつきがなかった市民、サポーターによる選挙ボランティアが画期的に広がり、その自発的・創意的な奮闘が全党を激励し、新たな可能性を示すものとなりました。また、若い世代のボランティアや民青同盟が大奮闘して無党派層の支持を広げ、全党を励ましました。

インターネット・SNSの分野は、激しい党派間闘争の舞台になっている

重視する必要があるのは、各党ともインターネット・SNSのとりくみを強めており、激しい党派間闘争の舞台になっていることです。この分野でも他党を凌駕(りょうが)してこそ、新しい支持を広げるとともに、選挙の担い手を増やすことができます。

2021年の調査（総務省「通信利用動向調査」）では、固定電話を持っているのは世帯全体で66・5％ですが、20歳代が9・5％、30歳代が15・5％、40歳代でも56・1％です。一方で、ス

マートフォンを持っているのは、20歳代で98・2％、30歳代で99・4％です。ここに日本共産党がどう姿をあらわしていくのか――インターネット・SNSのとりくみは選挙勝利をめざすうえで必須の課題です。

「ジェンダー平等」を活動全体でつらぬく

わが党の国会論戦が、政府を男女賃金格差の情報開示へと踏みきらせました。日本共産党は、綱領に「ジェンダー平等社会をつくる」ことを明記し、党の基本姿勢として「ジェンダー平等」を重視しています。そのことに、幅広い国民から支持と共感が寄せられています。

選挙に関わるあらゆる活動――候補者の決定、選対の構成、宣伝物の内容、宣伝カーの運行、事務所体制などにおいて、ジェンダー平等の視点をつらぬき、改善していくことが求められています。

（2）「折り入って作戦」は選挙勝利をつかむカナメの活動――「後援会員・支持者・読者とともにたたかう選挙」を大きく発展させよう

２０２２年参院選後の6中総決定で、改めて、「折り入って作戦」は「現在の党の自力のもとで勝利をつかむうえでのカナメをなす活動」であること、『国民とともに政治を変える』という党綱領路線にもとづく選挙活動の大道に立った方針」であることを明らかにしました。

22年参院選では、後援会員・支持者や「赤旗」読者が、党の訴えに応えて自分の結びつきに3人、5人、10人と支持を広げた経験、スタンディングやビラ配布に参加する経験が多数生まれました。しかし、中央の指導的イニシアチブに弱さがあり、全体では不十分な到達にとどまりました。この反省のうえにたって開かれた「『折り入って作戦』オンライン経験交流会」（22年10月21日）では全国の多彩で豊かな経験が語られ、①「折り入って作戦」は、現在の自力のもとでも選挙戦で勝利をつかむカナメをなす活動＝決定打であること、②「折り入って作戦」は、「政治を一緒に良くするためにともにたたかうこと」や「有権者の政治参加への意識を変えるとりくみ」であり「国民とともに政治を変える」という党綱領路線にもとづく大道にたった方針であること、③誰もが「気軽に」できる活動であり、訪問活動などを地道にすすめながらハードルを低くし、日常的に後援会員や支持者と結びつく努力が重要であること、④中間選挙で威力を発揮していること、⑤「集い」をくり返し行い、党員や読者の拡大が相乗的にすすんでいること、などが鮮明になりました（『折り入って作戦』オンライン経験交流会」の記録集パンフレット参照）。

わが党はこれまでも選挙勝利のために選挙の協力者＝担い手を広げるとりくみを重視してきましたが、「折り入って作戦」は、激戦の選挙情勢をリアルに伝え、「何人くらいに広げていただけますか」と具体的に踏み込んで訴えて、協力者＝担い手を広げる作戦です。また、固定電話やテレデータが激減しているなどの客観的条件や、党の自力の現状に即した方針です。これからの国政選挙や地方選挙の勝利に向けて、「折り入って作戦」に正面から挑戦し、「後援会員、支持者とともにたたかう選挙」を発展させましょう。

４、政治目標（得票目標と議席獲得目標）について

政治目標には、その選挙で何人の当選をめざすかの「議席獲得目標」と、どれだけの得票をめざすかの「得票目標」の二つがあります。

（１）国政選挙にいどむ基本姿勢として「市民と野党の共闘の勝利と日本共産党の躍進の一体的追求」をつらぬきます。２０２２年参院選挙では比例代表選挙の得票目標は、「８５０万票、15％以上」の目標を堅持しつつ、「６５０万票、10％以上」の目標でたたかいました。次の国政選挙をどういう政治目標でたたかうかは、しかるべき時に決定します。都道府県委員会は、その比例代表の得票目標にみあう目標を決め、それをふまえて地区委員会、支部・グループも目標を決めましょう。

「支持拡大目標」は、国政選挙でも地方議員選挙でも得票目標をやりぬくうえで必要な目標を決めるようにします。

（２）地方議員選挙では、議員数とともに、議席占有率、議案提案権、空白克服の三つの指標での前進をめざし、「適切な議席獲得目標」と「積極的な得票目標」をかかげて奮闘します。「適切な議席獲得目標」とは、積極的に議席増をめざす立場にたちつつも、過去の選挙での実績や自力、他党との力関係などを検討して決定することです。「積極的な得票目標」とは、その選挙で当選に必要な得票数にとどまらないで、次の選挙で議席増に挑戦する土台をつくることや、国政選挙の得票

目標をふまえて決めるということです。

地方議員選挙の得票目標を決めるにあたっては、以下の点が重要です。①その選挙でどんな場合でも必ず当選する安定当選ラインをふまえて決めます。安定当選ラインとは、過去3回の選挙の一番高い投票率で推定投票者数を算出し、その数を定数プラス1の数で割った数字です。②道府県議選と政令市議選が同日投票の政令市の選挙区や、後半戦に市議選がある自治体・行政区の場合は、二つの選挙の得票目標の高いほうの目標で一本化します。③前回よりも少ない候補者数でたたかう自治体・行政区では、安定当選ラインを目安にした目標では、前回選挙の得票実績よりも少なくなる場合があるので、次の選挙での議席増や国政選挙も展望して積極的な目標を決めましょう。

地方選挙数のうち、中間選挙が58・4%をしめます。中間選挙をたたかうところは、次の選挙に向けて政治目標と候補者を早く決め、得票目標を明確にして今からとりくみましょう。衆院選の時期は流動的ですが、参院選は2025年です。地方選挙が国政選挙と同時、または近い時期に行われる場合は、地方選挙と比例代表の得票目標の高いほうに一本化し、その達成をめざして活動をすすめましょう。

2023年統一地方選挙で、必ず「反転攻勢」を実現しよう

2023年統一地方選挙は、道府県議選挙でも、政令市議選挙でも、市区町村議選挙でも、現有議席を絶対確保し、前進をめざします。都道府県ごとに「議席占有率」、「議案提案権」、「空白克服」の三つの目標を具体化し、必ず達成します。道府県議選で、空白県（愛知）を克服し、新たな

議席空白を絶対につくらず、全都道府県で議席をもつようにします。23年統一地方選挙で必ず「反転攻勢」を実現するために全力をつくしましょう。

5、いちはやく候補者を決定する

政治目標をやりきるためには、候補者の決定を急ぎ、候補者を先頭にした活動をいち早く開始することが必要です。

国政選挙の候補者は中央の責任で決めますが、地方議員選挙の候補者は、都道府県委員会の責任で決定・承認し、すみやかに中央に報告します。候補者の選考は、党機関と支部がよく相談してすすめることが大事です。とくに社会的道義と市民道徳、品性などを重視し、党の候補者・議員としてふさわしいか、集団的に検討することが重要です。最近一部で、党歴の浅い党員を綱領や規約などの基本的学習の援助もせず、また、品性や生活状況をよく知らないまま候補者にし、当選後に支部や党機関、議員団との団結上の問題が生じ離党に至る例や、私生活上の深刻な問題が発覚し議員辞職、除籍になった例も生まれています。これでは有権者にたいする党の責任を果たせないうえに、党機関や支部にも深刻な打撃となります。党歴が浅くても、品性・資質があると評価できれば、候補者の要請をすることもありえますが、候補者になることを入党の条件や前提にするのは正しくありません。

また、地方選挙でも一部で「野党共闘」を求める勢力との間で、候補者を一本化する動きも生まれていますが、この場合は、政党間の共闘の問題になるので、必ず中央に事前に相談してください。

候補者決定のために機関の特別の努力を

地方議員選挙では、これまでは遅くとも「折り返し点」の2年前には政治目標と候補者を検討し、できるだけ早く決定することをよびかけてきました。この間、厳しい結果になった地方選挙で共通しているのは、候補者決定や選挙準備の遅れの問題があります。有権者に党候補の名前と顔、実績と政策が行き渡るだけでも相当の時間が必要であり、新人の場合はとくにそうです。また、この間、勇退する現職の後継候補が立てられずに議席を失った例が少なからずあります。ほとんどの場合、党建設の遅れ、後退が要因となっています。候補者の決定は、「党機関の第一級の任務」であり、地元まかせにせず、「候補者づくりは党づくり」とみて、早くから特別の手だてをとってすすめましょう。

日本共産党は、地方議員における女性議員数で第一党になっていることを誇りとするところです。これからも国政選挙でも地方選挙でも、あらゆる選挙で女性候補の比率を高め、女性議員をふやすことに力を注ぎましょう。

党議席空白自治体の克服は、選挙直前の対策では容易ではありません。党機関の責任で、党員拡大を根幹とする党勢拡大、世代的継承のとりくみを計画的・系統的にすすめるとともに、移住・帰郷もふくめた候補者の決定に力をつくしましょう。

2 すべての支部・グループが、「選挙活動の4つの原点」にもとづく活動の具体化を

1、「支部が主役」で新しい日本をきり開く

日本共産党は、全国に草の根で国民と結びついた党組織をもっている政党です。日本共産党には全国に1万8000の党支部があります。支部は、それぞれの職場、地域、学園で党を代表して活動する、党の基礎組織です。

支部は「その職場、地域、学園で多数者の支持を得ることを長期的な任務とし、その立場から、要求にこたえる政策および党勢拡大の目標と計画をたて、自覚的な活動にとりくむ」ことを基本的な任務としています（規約第40条）。支部は、「政策と計画」をもって活動しますが、その際、生きた政治目標を決めることが大切です。「わが支部をこういう支部に成長させる」という大志とロマンある、みんながわくわくするような目標を、よく討議して決め、みんなのものにしていくことが大切です。新しい日本を「支部が主役」で切り開く気概をもって奮闘しましょう。

すべての支部が、支部会議を原則として週1回定期的にひらき、「楽しく元気の出る支部会議」

になるよう努力することや、「しんぶん赤旗」をよく読み、党綱領や大会決定、中央委員会総会決定などを読了し、全党員が身につける努力をすること、中央作成の動画を視聴することなど、政治的確信をもって活動できるようにしていくことが大事です。そして、選挙戦の忙しいときこそ全党員に声をかけ、支部のたまり場やセンターをもうけ、臨時電話の設置、炊き出し、ニュースづくりの体制など、日々課題を推進する臨戦態勢を確立しましょう。すべての党員が自分の「結びつき」、得手と条件を生かして、もてる力をあますことなく発揮できるようにしましょう。選挙事務所やセンターなどに結集できる党員だけではなく、それぞれの党員の条件や実情にみあった行動など、全党員のエネルギーを引きだして活動することが大切です。

支部の得票目標・支持拡大目標を決める

地域支部では、地区委員会の得票目標を受けて、自分たちの支部の役割と力量を検討して、意欲的な立場で自主的・自覚的な目標を決めます。力のある地域や団地などでは、支持を獲得する大きな目標をもちます。党の力が弱い地域は、機関がイニシアチブを発揮して援助し、職場支部、タテ線後援会などの協力も得て、実現する目標を決めます。

職場支部は、職場の全労働者とその家族のなかでどれだけ支持を広げるかを第一に、職場のある地域での活動や党員の居住地での活動、全国的な結びつき・「マイ名簿」を生かして支持を広げるとりくみをふくめて検討し、支持拡大目標を決めます。全党の約3割をしめる職場支部の奮闘は、選挙勝利にとってきわめて重要です。

■ 選挙活動の４つの原点

※選挙活動「４つの原点」とは…わが党が第８回党大会いらい鉄則としてきた「４つの原点」の活動を、情勢の発展にそくして第21回党大会で改定したもの。「４つの原点」は、選挙戦の法則的な活動を示した方針であるとともに、「政策と計画」にもとづく支部の日常活動の方針でもあります。

（1）国民の切実な要求にもとづき、日常不断に国民のなかで活動し、その利益を守るとともに、党の影響力を拡大する。

（2）大量政治宣伝と対話・支持拡大を日常的に行い、日本共産党の政策とともに、歴史や路線をふくむ党の全体像を語り、反共攻撃には必ず反撃する。

（3）「しんぶん赤旗」の役割と魅力をおおいに語り、機関紙誌の読者拡大をすすめ、読者との結びつきを強め、党を支持する人びとを広く党にむかえ入れる。

（4）さまざまな運動組織・団体のなかでの活動を強め、協力・共同関係を発展させる。日本共産党後援会を拡大・強化する。

2、「4つの原点」にもとづく、支部の「政策と計画」の具体化を

支部の「政策と計画」の具体化にあたっては、結びつきと要求にもとづく活動を、「4つの原点」の全体をつらぬく根本の活動として位置づけ、党員の持つあらゆる日常的な結びつきに光をあて、常に新しい結びつきを広げ、それを生かした活動にとりくむことが重要です。

具体化した「政策と計画」は支部会議で確認し、簡単でも文書にして、系統的に追求できるようにしましょう。そうしてこそ、決めた内容が自覚化され、諸課題の目標にたいするとりくみ状況や到達がリアルになります。また、必要に応じて「政策と計画」の充実・補強がやりやすくなります。

「4つの原点」その1
国民の切実な要求にもとづき、日常不断に国民のなかで活動し、その利益を守るとともに、党の影響力を拡大する

（1）国政の熱い問題、住民要求にもとづく活動を旺盛にすすめる

日本共産党は、その時々の国民の苦難を軽減し、国民の利益と安全のために活動することを立党の精神としてきました。また、切実な要求をとりあげて奮闘することは、党と国民の結びつきを広

げ、党への信頼と理解を深めることになります。

この間の地方選挙でも、得票を伸ばして勝利したところに共通しているのは、日常的に要求実現の活動や生活相談にとりくみ、住民と心の通った深い結びつきをもっていることです。

住民要求をしっかりつかむために、アンケート活動に積極的にとりくみます。そして、支部で、アンケートに寄せられた要求を検討し、実現をめざして、議員・候補者、党機関と連携しながらとりくみましょう。

また、無党派層や、子育て世代、青年・学生など若い世代のなかでの活動を重視し、それらの人びとの要求実現をめざす活動を選挙作戦の大きな柱に位置づけてとりくみましょう。

国や自治体に向けた要求実現活動

憲法問題や原発、消費税と社会保障、米軍基地問題、ＩＲ・カジノ、リニア中央新幹線問題、気候危機打開、ジェンダー平等など、どの問題でも有権者多数の思いと日本共産党の主張は一致しています。宣伝と国民運動に積極的にとりくみ、草の根から、自民・公明とその補完勢力を追いつめましょう。

自治体に向けた要求では、署名運動などを重視し、請願、陳情、交渉などにとりくみます。また、議員の議会内での論戦や地域住民の運動と結んだ活動が大切です。一度交渉しただけでは実現しない要求もあります。ねばり強く運動しましょう。この活動の過程をそのつど宣伝し、住民に見える運動にしていきましょう。

（2）議員・候補者と連携し、生活相談にとりくもう

自民党の悪政のもとで、くらし・福祉や生活上のさまざまな相談が増えており、これに親身にこたえることが大事です。わが党には、無料の生活相談や労働相談に熱心にとりくんでいる地方議員がたくさんおり、「#困ったときは共産党に相談しよう」とSNSでも評判になっています。民主的法律事務所や専門家などとの協力関係をつくって、定期的に「相談会」を持つようにしましょう。支部と議員が連携し、日常的に発行するさまざまな宣伝物でも無料生活相談の案内を行いましょう。

党国会議員や候補者との連携を強める

わが党の国会議員は、要求実現の先頭に立って奮闘しています。党国会議員・候補者が、有権者と日常的に結びつき、住民要求にこたえた活動をさらに強めるために、国会議員団ブロック事務所と連携し、地域と国政を結ぶ活動を強めましょう。

「4つの原点」その2

大量政治宣伝と対話・支持拡大を日常的におこない、日本共産党の政策とともに、歴史や路線をふくむ党の全体像を語り、反共攻撃には必ず反撃する

（1）日常的に、全有権者を対象に、「目に見え、声で聞こえ、読んでわかる」宣伝を

地方選挙でも、地方政治だけでなく、国政の問題やその根本にある各党の政治的立場が問われます。「二重の大逆流」と正面からたたかい、日本共産党の政策だけでなく、綱領や歴史など党の全体像を国民の中に語り広げることは、地方選挙で勝利するための不可欠の課題です。

日常的、系統的な大量政治宣伝は、国民運動、党勢拡大など、すべての党活動の共通の土台です。選挙戦では、大量政治宣伝を最後までつらぬくことが鉄則です。とくに今、日本共産党の訴えに耳を傾ける人が増えており、すべての有権者を対象にした宣伝活動を日常的にすすめることが重要です。日々の「赤旗」をよく読み、論戦の発展を身につけて宣伝するようにしましょう。国政の熱い問題とともに、職場、地域、学園の身近な諸要求をとりあげた宣伝、職場・地域・学園新聞の発行、定期的なハンドマイク宣伝、スタンディング、ポスターや掲示板の拡大など、「支部が主役」で日常的な草の根の宣伝を強め、有権者に元気にがんばる党の姿がいつでもどこでも見えるようにしましょう。

地域での宣伝とともに、労働者と若い世代に向けた宣伝を重視し、駅頭、職場門前、大学門前など、人の流れにそった宣伝を系統的にすすめましょう。

宣伝手段としては、宣伝カー・ハンドマイクなどによる声の宣伝、ビラやパンフレット、ポスターなどの文書宣伝、パブリックビューイングなどの視聴覚宣伝、インターネットやSNSの活用などがあります。それぞれの特徴にそくして、効果的な宣伝をすすめましょう。

日常的に党を語り、野党共闘や日本共産党への攻撃には適切な反撃を

国政問題や地域要求を取り上げた宣伝・対話をすすめるなかでも、日本共産党を語り、党への理解を広げることが大事です。その際、自らの体験も生かして日本共産党を語れば、新鮮で生き生きした訴えになります。党を語る力をつけるために、志位委員長の党創立100周年講演を学びましょう。この記念講演は反共攻撃への総括的な反撃となっています。『新・綱領教室』（志位和夫著）なども学ぶようにしましょう。

野党共闘や日本共産党への攻撃があった場合、その内容を正確につかみ、党機関によく相談し、適切な反撃を行うようにしましょう。

声の宣伝は、わが党ならではの活動

「支部が主役」で、駅頭やショッピングセンター前とともに街角、路地裏でのハンドマイクによる宣伝は、他党にはまねのできない、わが党ならではの宣伝です。ハンドマイク演説に「デビュー」する党員が、各地で次つぎに生まれています。支部では、できるだけ独自にハンドマイクを購入し、日常的・計画的に、「声の宣伝」がすすめられるようにしましょう。

〈宣伝カー・ハンドマイクでの演説は言い回しも大切――演説スポット作成の心がけ〉

演説スポットの作成にあたっては、毎日の「しんぶん赤旗」やビラを生かすとともに、紋切り型でなく、訴える人が自分の言葉で政治と党を語るよう努力しましょう。

とくに、「結論押しつけ」型にならないよう留意し、有権者の思いに寄り添い、働きかける相手が何を考え、何を感じているのかを敏感にとらえ、有権者の生の声を生かし、「これが住民みんなの願いではないでしょうか」と問いかけるなど、対話型の姿勢をつらぬきましょう。

ビラの配布体制を強める

ビラは、党の政策や主張を広い有権者に届ける、もっとも基本になる宣伝物です。ビラには、その時々の焦点になっている問題がとりあげられており、いち早く有権者に届ける必要があります。支部では、責任地域の全世帯にどのようにして配布するのか検討し、支部の党員や居住地党員とともに後援会員、支持者にもお願いし、配布体制を強める日常的努力をしましょう。

党の活力の低下などもあり、配布体制が弱まっている困難な支部には、地区委員会が相談に乗り、職場支部の協力や特別の宣伝隊を組織することなどもふくめ、援助を行いましょう。

ビラを入れるのが難しいオートロックのマンションなどでは、新聞折り込みが有効です。そのための募金をお願いするなどよく相談し、知恵も出しあってすすめましょう。

ポスターと掲示板を増やす

ポスターは、党の理念や政策の中心点を印象強く押し出し、予定候補者の名前と姿を24時間宣伝し、党の風を吹かせるうえできわめて重要な役割をもっています。

「ポスター第一党」になれば、街の雰囲気が一変します。積極的な目標を持ち、党支持者や「いつもはらせてくれるところ」だけでなく、新しいところ、他党のポスターがはってあるところにも軒並み訪問してお願いしましょう。ポスターをはらせてもらうこと自体、党との重要な結びつきをつくる活動でもあります。期限が過ぎたら必ずはがし、はらせてくれた家へのお礼のあいさつをしましょう。

ポスター、「赤旗写真ニュース」などを常時掲示するためには、「○○軒に1カ所」などの目標で掲示板を増やすことが大事です。「赤旗写真ニュース」は、中央から月2回、有料で送付しています。活用を思い切って増やしましょう。

「議会報告」を重視する

毎週、駅頭宣伝で時局にかみあった街頭演説をするとともに「議会報告」を配布し、評判になっている議員が各地に多くおられます。また、議員の「議会報告」とともに、予定候補者や支部の「議会傍聴レポート」が各地で出されています。どこでも「党の活動、行政、議会が身近になった」と好評です。

各地の住民アンケートでは、「議員に何を期待しますか」という設問に、「住民の声を届ける（質問する）」、「行政をチェックし税金のムダづかいをただす」などとともに、「住民に議会の様子を知らせる」という回答が高位を占めています。議会の様子を報告するのは議員固有の任務ですが、定時定点宣伝や「議会報告」の発行とともに、議会のたびに支部と協力して議会報告会を開くなどの日常活動を重視しましょう。

（2）広い層との対話や、結びつき・「マイ名簿」を生かした対話と支持拡大

党員一人ひとりがふだんから、結びつきを生かし、新しい結びつきを広げ、党の支持者を増やす活動を系統的にすすめていけば、「いざ選挙」となったとき、大きな力を発揮します。有権者との結びつきをあますところなく生かして、党と候補者への支持を広げましょう。日常的にすすめるとともに、一度訴えたからよしとせず、選挙になってからも全有権者を対象にさらに広げることが重要です。すべての党組織が、得票目標とともに、それを達成するにふさわしい支持拡大目標と期日を明確にし、告示までにやりきる構えでとりくみましょう。

対話とは相手の思いを受け止め、「自分の思い」を語ること

対話で大事なのは、相手の話にまず耳を傾け、思いを受け止めることです。そのうえで「なぜ自分が日本共産党（候補）を支持するのか」の思いを率直に語ることです。この双方向の対話をつうじて、「市民の声を聞き、政治に届け、社会を変えるという党の政治姿勢に共感した」という声も寄せられています。

支部の党員は、党歴や経験の違い、置かれた条件の違いなどから、多くの人びとと気軽に対話できる人、足をふみだすことに躊躇している人などさまざまです。対話の経験を交流したり、ベテランの党員と経験の浅い党員がいっしょにとりくむことも大事です。選対ニュースや支部ニュースで、「〇〇さんはこう訴えて支持を広げている」など、対話の経験を紹介するようにしましょう。

一人ひとりの対話する力を高める努力も重要です。支部で、第28回党大会決定、「しんぶん赤旗」や党幹部の演説、政策文書、ビラなどを学習し、党の役割と政策、他党批判など、その時々の政策論戦の中心ポイントをつかんで活動できるようにしましょう。

「マイ名簿」にもとづいて、党員のもつあらゆる結びつきを生かして

２０１３年都議選と参院選以来、「全国は一つ」の立場で、「マイ名簿」やＬＩＮＥ（ライン）、Ｆａｃｅｂｏｏｋ（フェイスブック）で結びついている人に働きかけるとりくみが大きく広がっています。「マイ名簿」で数十人から数百人に選挙はがきや資料を送って支持や協力者を増やすなどの経験が全国に数多く生まれ、選挙戦の躍進の力になっています。なによりも「結びつき」で広げた支持は、深く固いことも共通しています。地方議員選挙で、一つの自治体で複数の議席獲得をめざす場合、地域割りにそって党員の結びつき・「マイ名簿」を生かして、支持を広げましょう。

党員一人ひとりの結びつきに光をあてれば、家族・親せきから同級生、町内会、自治会、管理組合などの組織や、さまざまな民主団体、労働組合、職業・分野ごとの組合、趣味やスポーツのサークル、ボランティアグループなど、さまざまな結びつきがあります。それぞれのＬＩＮＥグループに参加している場合もあります。また、多くの党員が国民運動団体のなかで活動し、信頼を得ています。それを評価しあい、励ましあって、気持ちよく活動すること、それぞれの結びつきを生かした活動経験を交流することが大事です。

対面での対話は大事な活動

対面での対話は大事な活動です。各地の選挙でも、後援会ニュースや要求署名を活用して対面で対話し、協力を訴えたことが大きな力となっています。新型コロナ感染対策を徹底しながら、この教訓をこれからも大事にしましょう。

同時に、民間大経営など、職場内での対話が困難なところでも、資料を自宅に郵送したり、電話や訪問することは自由にできます。また、ビラの反応を聞いたり、演説会のお誘いをするなど、各種の名簿での電話も含め、あらゆる手段を使った大規模な働きかけは、重要な作戦です。

不特定多数を対象にした電話作戦

テレデータや各種名簿を使った電話作戦は、多くの有権者が日本共産党に新たな関心や期待を寄せ、選択肢の一つに考え始めているもとで、非常に有効な活動です。党大会後の中間選挙でも、電話作戦のとりくみで、広い有権者と温かい対話になり、変化を実感する経験が広がっています。「マイ名簿」にもとづく活動をいっそう発展させながら、テレデータ・各種名簿を準備し、不特定多数を対象に積極的に働きかけることを重視して具体化しましょう。

「担い手」を広げる「折り入って作戦」――後援会員、支持者に〝気軽に〟〝率直に〟〝何度でも〟訴えよう（20～21ページ参照）

選挙の担い手を広げる「折り入って作戦」は、組織戦のカナメです。選挙情勢と党の役割を訴え、どうしても協力してほしい旨を誠実にお願いし、相手にも「共産党の躍進が必要だ」、「だれか、声をかけられる人がいるかな?」と考えてもらいましょう。「まわりの人に声をかけてくださ い」にとどまらずに「何人ぐらいに広げていただけますか」と具体的にお願いしましょう。

選挙本番では、選挙はがきに、選挙情勢とともに「2票、3票と広げてください」と支持拡大の協力のよびかけを端的に記述し、はがき到着に合わせて「選挙はがきは届きましたか?」、「どなたか声をかけていただける方はいらっしゃいませんか?」と率直に訴えましょう。

支部の支持者台帳・結びつき名簿の整理、「名簿と地図」

〈係を決め、日常的に台帳の整備と補充を〉

支部・党組織には、これまでの選挙や要求実現運動などをつうじて蓄積している結びつき台帳や支持者台帳など、なんらかの名簿があります。しかし、選挙間際になって、名簿を整理したら転居や死亡などで6割、7割に減っていたという例も多くあります。選挙の日常化を実務的に支えるのは日常的な台帳整理です。支部では台帳係を決め、新たに結びついた人を補充するなど、常に現在の到達点を明確にするようにしましょう。

定期的に行政区の選挙管理委員会で有権者台帳を閲覧し、名簿を充実させることも大切です。

〈「名簿と地図」を整備し科学的な選挙に〉

支部の結びつき名簿や支持者台帳、後援会名簿などを地図に落とし、日常的に活用して、たえず充実・整備することが、「科学的な選挙」をすすめるうえで大事です。

名簿が地図化されているところでは、多くの人に支持拡大や後援会ニュースを届けて協力をお願いし、活動参加を広げるうえで大きな力を発揮しています。職場支部では、職場内の名簿をもつだけでなく、党員一人ひとりの職場外の結びつきをファイルしておくことも大事です。

「名簿と地図」を整備し、たえず充実するカギは、名簿に対話の中身を記録し、更新していくことです。名簿を見れば、対話の結果、党を支持するか、好意的かなどの反応がわかり、選挙の前も選挙になってからも活用できる利点があります。行動し、対話したら、必ずその状況をメモするようにしましょう。職場支部や他地域から支持カードが届くことは、支部の視野を広げる力になります。

※「個人情報」の取り扱いについての注意

「選挙活動の４つの原点」で強調している対話・支持拡大では、「名簿」「台帳」「テレデータ」などの役割が重要です。「台帳」整備のために、選管で「選挙人名簿」を書き写す（ネットに接続しないでパソコンへ手入力することも可）ことも公選法で認められています。

政党は、報道機関や学術研究、宗教活動などとともに「個人情報保護法」の適用除外となってはいますが、その際、これら「名簿」類は党が「個人情報」を取り扱うことになり、その取り扱いや管理には十分注意を払う必要があります。署名運動などで得た「名簿」を本人の了承を得ないで選挙活動に使用したり、第三者に提供することなどがないようにしなければなりません。

（3）一人ひとりの党員がインターネット・SNSの活用ができるよう努力しよう

得票目標を実現するためには、支部が持っている名簿やむすびつき、テレデータだけでは足りません。得票目標実現のためには、ネットで情報を入手し、日常的につながっている若い世代、現役世代の中で支持を広げることは不可欠となっています。全党がインターネット・SNSを活用し、広くつながり、支持を広げるよう努力しましょう。

SNSはそれぞれ特徴がありますが、その特徴に見合った活用をしましょう（4参照）。

「4つの原点」その3
「しんぶん赤旗」の役割と魅力をおおいに語り、機関紙誌の読者拡大をすすめ、読者との結びつきを強め、党を支持する人びとを広く党に迎え入れる

自力をつけることは選挙勝利の不可欠の土台

支部が、「いついかなるときも党勢拡大を握って離さず」、得票目標の実現と選挙戦の勝利という目標を正面にすえて、有権者比（労働者比、学生比）での党員と読者の拡大目標を持ち、支部ごと、丁目ごとにも具体化してとりくむことが重要です。

それぞれの自治体で党議員を増やし、また引退する党議員の後継者をつくり、党の事業を継承・発展させるうえで、新しい党員をむかえて、「支部が主役」で、強く大きな党をつくることが決定

的です。

自公政権のメディア支配が強まり、巨大メディアが権力を監視するジャーナリズムとしての役割を果たしているとはいえないもとで、〝タブーなく真実を伝える、国民共同の新聞〟――「しんぶん赤旗」の役割がますます光っています。若い世代の中にも、ネットでの断片的情報の氾濫やフェイクニュースへの危機感から、「真実を知りたい」、「ニュースの深掘りがほしい」などの声が多くあります。「しんぶん赤旗」の読者を増やすことは、党と有権者を結ぶもっとも確かなきずなを強めることになります。

すべての党支部が、党員と読者拡大の目標をもち、必ず達成して選挙をたたかいましょう。『女性のひろば』など党の発行する定期雑誌も党勢拡大の中に位置づけましょう。

毎回の会議で、世代的継承を軸とする党員と読者の拡大について必ず論議し推進を

選挙は、有権者の政治的関心が高まるときであり、党勢拡大のチャンスです。選対会議でも、毎週の支部会議でも、党員と読者の拡大について検討し、推進しましょう。

宣伝、対話、要求運動、演説会など、あらゆる選挙活動のなかで、入党と「しんぶん赤旗」の購読を訴えましょう。「集い」の開催や、「しんぶん赤旗」（見本紙）の大胆な活用など、党勢拡大を選挙作戦に位置づけて具体化しましょう。

議員・候補者の配達・集金の過重負担は、必ず解決するようにしましょう。

党議席空白の市町村を克服するには、党機関がイニシアチブを発揮して、計画的、系統的な党員拡大と支部づくりをすすめることが不可欠です。移住立候補にも積極的に挑戦しましょう。

「4つの原点」その4
さまざまな運動組織・団体のなかでの活動を強め、協力・共同関係を発展させる。日本共産党後援会を拡大・強化する

(1) 地域や職場のさまざまな組織・団体のなかでの活動と共同のとりくみ

2022年参院選で選挙ボランティアに駆け付けた市民の動機は、弱者に寄り添う党の政治姿勢への共感、平和を壊す「翼賛体制」への危機感、野党共闘への思い、平和・憲法・民主主義への熱い願いなどがあります。幅広い市民と「双方向」で対話し、平和とくらしの切実な願いにこたえた緊急の一致点での国民的運動を大いに発展させましょう。

自治体には医師会、農協など職業・分野ごとの組織・団体や労働組合、地域では町内会・自治会、マンションの管理組合や、趣味やスポーツのサークル、ボランティアグループなどがあり、多くの党員もこのなかで活動しています。これらの運動組織・団体がかかげる切実な要求・課題を重視し、ともに実現をめざして共同の輪を広げ、信頼関係を強めましょう。そして、条件を生かして、選挙での支持や「しんぶん赤旗」の購読をお願いしましょう。

（2）日本共産党後援会の活動は「選挙活動の日常化」のカナメ

日本共産党後援会は、「比例を軸に」、党の決めた候補者の当選のために、党と支持者が協力して選挙戦をたたかう基本組織です。いま、全国の後援会員は、党員、「しんぶん赤旗」読者数を上回る、わが党のもつ最大の組織であり、その活動は「選挙活動の日常化」のカナメです。後援会の活動を系統的に強めることが大切です。

同時に、第27回党大会がよびかけた「日本共産党後援会の活動を、いまわが党に新しい注目を寄せ、応援しようという人びとが、参加しやすい活動へと思い切って改善し、その発展・強化をはかる」にそくした努力と工夫が行われています。

この間、市民との共闘をつうじて、わが党の候補者を自発的に応援する人たちが広がっています。わが党の候補者が野党統一候補になり、幅広い市民とともに必勝をめざすとりくみもおこっています。こうした情勢のもとで、「比例を軸に」をつらぬき、「日本共産党後援会」としての活動を選挙戦の基本としつつ、党機関の責任で必要に応じて、党議員・候補の個人後援会をさまざまな名称、形態でつくり、幅広い方々と力を合わせる活動にとりくみます。

支部に対応する後援会を確立し、後援会ニュースの発行を

後援会活動を抜本的に強化するためには、支部に対応する単位後援会を確立することです。単位後援会がないところでは、後援会担当者を決め、党機関と具体化し、まず後援会ニュースの発行か

らはじめましょう。単位後援会で後援会ニュースの発行が困難なところもあります。その場合、県や自治体・行政区の後援会ニュースを活用するところからはじめるとともに、党機関で作成の援助をしましょう。

党支部、後援会役員会でよく議論してニュースを発行しているところでは、党の一方通行の記事ではなく、読めば国政、地方政治がわかり、まちの話題、要求、そして会員の近況などがわかる心温まる内容になるよう努力されています。

定期的にニュースを届け、楽しく、元気になる後援会行事なども行い、会員との人間的、政治的結びつきを強め、要求にもとづく行事など多面的な活動をすすめる後援会をめざしましょう。

そのためにも後援会の役員体制を確立し、会員の要求をよく聞いて、民主的運営につとめましょう。職場支部も、「○○職場後援会」として活動をすすめましょう。

なお、大学や高校などの同窓生や趣味でのつながりなど、候補者の個人的な結びつきや条件を生かした「励ます会」は大きな力になるものであり、日本共産党後援会とは区別してつくる努力をしましょう。

後援会ニュースの4つの効用

①党を支持し、好意的な人に、気軽に後援会に入ってもらえる。
②ニュースをくり返し届け、対話し、結びつきを広げ、確かな支持者を増やし、協力も得られ

るようになる。
③この広がり状況と反応は、情勢をみる一つの要素となる。
④選挙後も、ニュースや議会報告などを届け、党を大きくし、次の選挙の準備にもなる。

得票目標にみあう後援会づくり

早くから対話と支持拡大にとりくむためにも、「得票目標にみあう後援会員」を目標に、後援会ニュースを活用し、気軽に思い切って会員を拡大しましょう。

後援会員の拡大は、「支持してくれる人はだれでも後援会員に」、「政治を変えたいと思っている人はだれでも後援会員に」という立場で、思い切って広い層の方々を会員にむかえることが大事です。

各界、分野ごとの後援会活動

自民党などは、各種業界や団体をしめつける選挙を行っていますが、これらの組織のなかからも国民いじめの政治への批判が強まっています。さまざまな団体、各階層・分野、要求にそったタテ線後援会の活動が重要になっています。選挙の有無にかかわらず、継続してとりくむことが大切です。

党機関と選対はタテ線後援会と協力して、その分野での党の実績と政策をまとめ、おおいに宣伝します。この活動は、それぞれの分野での党の実績と役割、政策で、党への信頼と支持を、党支部だけでは手の届かないところに広げる大きな力になります。それぞれの後援会の特徴を生かし、世話人会の組織と会議、学習会などの開催、後援会ニュースの発行、創意ある宣伝活動などで、日常的に団体の全構成員、全階層・分野を視野に入れた対話と支持拡大をすすめましょう。

後援会活動の改善・改革の基本姿勢として、「日本共産党後援会の活動を、いまわが党に新しい注目を寄せ、応援しようという人びとが、参加しやすい活動へと思い切って改善し、その発展・強化をはかる」という立場が大事です。

3、「集い」を「4つの原点」にもとづく党活動全体を発展させる推進軸として

「綱領を語り、国政と地方政治の未来を語り合う集い」は、党外の人たちと双方向で語り合うことをつうじて、党の綱領、理念、歴史を丸ごと理解してもらい、さまざまなテーマで日本の未来を語り合い、党を積極的に支持してくれる人たちを日常的に広げるとりくみです。また、党への誤解をとくことは、市民と野党の共闘を本格的なものに発展させるうえでも、大切な活動になります。

すでに全国でたくさんの素晴らしい経験が広がり、強く大きな党づくりをすすめるうえで、「集い」の開催が法則的な活動であることが実証されています。そこでは、保守的な方や「市民と野党の共闘」に参加している方々など多彩な人たちが顔を出し、「こんなにひどい自民党の政権がなぜいつまでも続くのか」、「中国や旧ソ連と日本共産党はどう違うの?」、「なぜ党名を変えないの

か?」、「社会主義ってなに?」、「政権をとったら自衛隊をどうする?」など、関心ある政策や日本共産党への率直な疑問や意見が気軽に出され、「話し合いをつうじて、党への信頼と支持がいっそう確かになった」、「迷っていた人が入党を決意した」、「『赤旗』日刊紙の購読を約束してくれた」などの経験が広がっています。

■「集い」の開催とすすめ方の留意点
――ポイントは「気軽に」「くり返し」「双方向で」

○「気軽に」開きましょう。「人数を気にしないで、まずとりくもう」、「会場は党員宅でも」――参加人数が少なく、党員だけのときがあっても『集い』を住民に知らせること自体が大事な活動」と気軽に始め、とりくみを広げましょう。「集い」を知らせること自体が支部活動の新しい発展の可能性をつくりだします。

○「くり返し」開きましょう。「集い」を続けることで、党員が元気になり、協力してくれる人たちが広がる力になります。

○運営は「参加者が主役」で、党と参加者が「双方向」で話し合えるようにしましょう。議員・候補者などによる最初の党の側の話は簡潔に短く。参加者が何でも質問したり、要求を出し合うことができるようにしましょう。

○中央が作成するユーチューブ動画、DVDなどを活用すると効果的です。

○答えられない質問が出たら、くり返し「集い」を開くチャンス。少人数の「集い」であれば、「次回はそのテーマで開きましょう」と次の「集い」につなげ、調べておけばいいのです。

○子育て世代や若者、女性の「集い」、商店、同業者を対象にした「集い」など、参加者の関心にかみ合ったとりくみを多様に計画しましょう。

○「入党のよびかけ」パンフレットを一緒に読み合わせ、入党をすすめましょう。

○入党申込書、「綱領・規約」、「しんぶん赤旗」見本紙（日刊紙、日曜版）、ビラ、パンフレットなどは、必ず用意しましょう。

※全国各地の経験に学ぶ「赤旗」の連載〝これならできる 支部の「集い」〟を参考にしてください（パンフ『あなたの支部で新しい党員を／これならできる支部の「集い」』〔2018年5月〕もあります）。

3 政策論戦と大量政治宣伝

1、政策論戦の確立は選挙戦の中心問題

（1）選挙戦における政策論戦の位置づけ

選挙戦は、「有権者の心をとらえるためにどうするか。そのために、何をどう語るか」が中心問題です。政策論戦の成否は、宣伝・組織など選挙戦の全体を左右します。政策論戦の基本を確立し、全党と後援会に徹底することは、選挙戦への政治的な確信と意欲を高め、自覚的なとりくみを促進し、宣伝、対話や支持拡大などの活動を飛躍させていく選挙指導の中心問題でもあります。党機関と選対指導部は政策論戦活動を、担当者まかせにせず、集団的に検討し、責任をもってすすめる必要があります。

国政選挙は、全国民向けのアピールや政策は中央が責任をもってつくります。地方的な問題でも、国政にかかわる住民要求があります。これらをとりあげて政策をつくり、選挙に生かすことは、地方党機関と選対指導部の責任に属することです。

地方議員選挙では、地方党機関と選対指導部が、政策論戦に責任を持ちます。早い時期に政策文書をつくり、それにもとづく対話と宣伝活動を開始し、時期をみて全戸配布ビラを作成・配布します。

批判とともに希望を語り、党の役割・値打ちを押しだす

宣伝・組織活動は、すべての有権者を対象に「政治は変えられる」という希望を届けるものにすることが大切です。国民の中には自公政治にたいする不安やいきどおりがあり、展望が見えない閉塞感もあります。告発とともに、自公政治を終わらせ、新しい政治をつくる現実的な道はどこにあるのかを示し、国民の切実な願いにこたえる、日本共産党の対案を語ることが大切です。メッセージの伝え方という点での工夫を重ね、双方向での宣伝・組織活動を発展させる立場でとりくみましょう。

日本共産党の役割、値打ちを語り展望を示すことは論戦の基本です。2019年統一地方選挙（道府県議選）では、投票の際に前回に続いて「政党を重くみて」（40・6％）が「候補者個人を重くみて」（33・4％）を上まわりました（「明るい選挙推進協会」調査）。地方選挙の中でも日本共産党にたいする関心や評価の高まりにかみ合わせて、党の押し出しに磨きをかけましょう。

論戦を発展させる

政策論戦の内容は、有権者に一度示せばそれで終わりではありません。有権者の反応や他党派の

言い分、国政問題の変化などにかみ合わせて、絶えず攻勢的に発展させることが大事です。相手陣営はわが党の論戦に、反論したり、言い訳したりしてくるわけですから、「わが道を行く」式のやり方では、他党派との論戦に打ち勝ち、広く有権者の納得と共感を得ることはできません。

（2）地方選挙でも国政問題が重要な選択肢に

政策論戦では、それぞれの地方政治の問題とともに、国政の問題を大争点にしてたたかいます。「住民福祉の機関」として福祉とくらしを守る自治体の役割を前進させる選挙になるとともに、地方から自公政権がすすめるくらし破壊、大軍拡と改憲など悪政ノーの審判を下す選挙になります。

「地方選挙だから地方のことだけ」となると、有権者の関心事や「政治を変えたい」という思いにこたえられません。もともと地方政治の矛盾の大きな要因は、国の悪政押しつけにあります。どの党が住民の利益にかなっているのか、どの党が伸びれば自公政権と補完勢力への厳しい審判になり、「市民と野党の共闘」が前進するのか、などを問いかけることが重要です。

国政では共闘相手の野党が、その地方の議会では「オール与党」というところでは、国政・地方政治を一体にして、自民・公明の政治の批判・転換を正面にすえつつ、他の野党については事実に即した前向きの批判をします。共闘相手の政党をリスペクトし、同時に日本共産党の独自の値打ちを語り抜く努力が必要です。

2、要求を出発点に政策・公約を鮮明にうちだす／アンケート活動は必ず

わが党の政策論戦活動の原点は、どんな問題でも、住民要求から出発して、それにこたえる変革者の党ならではの政策を建設的なメッセージとして伝えることです。そうしてこそ心に響く訴えとなります。

要求は、自民党政治と住民との矛盾のあらわれであり、それをつかむことは、立場の違いをこえた幅広い共同をすすめる出発点にもなります。とりわけ、気候危機打開、ジェンダー平等の日本をつくるという訴えが、若い世代をはじめ広範な国民に新鮮な共感を広げています。

「気候危機を打開する日本共産党の２０３０戦略」では、省エネルギーと一体の再生可能エネルギーの大規模普及にとりくむことが、エネルギー自給の道に踏みだすうえで急務であり、雇用を増やし経済を成長させる道でもある、としています。また「２０３０戦略」は地方自治体のとりくみを重視しており、広範な住民、事業者、自治体の共同で地域から気候危機打開の方向を積極的に提案することが重要です。

地方自治体での男女の賃金格差の要因の一つには、女性が多く働き支えてきたケア労働の賃金が、他の産業・職種より低いことがあります。国の配置基準の改善や適正価格の設定を求めていくこととともに、自治体独自の措置をとることを求めるなど、検討しましょう。

アンケート活動は、「国民の苦難軽減」という立党の精神からも、住民の声を聞き「住民が主人公」の政治を実現していくうえでも、必ずとりくみましょう。アンケートから、住民の要求と、それを実現する公約として何を打ち出すかをつかみます。住民が党や候補者に期待している中身もわかり、議席の値打ちとしても打ち出せます。支部会議で、国政や住民要求について、読者や後援会員、党員自身の要求もふくめて議論したり、地域ウォッチング活動など分担して地域をまわり、住民の意見や要求を聞く活動も大事です。

■ アンケートはこのようにとりくもう

○地方政治に限定しないで、国政の問題をふくめ、住民の要求、声が客観的に反映するように項目を設定しましょう。その際、党の主張や政策に賛同を求めるような内容にならないよう注意しましょう。○印をつけるだけでなく、道路やカーブミラー、公園の改善など、要望を具体的に記述してもらう欄をもうけましょう。また住民が自由な意見、声を書き込める欄もつくりましょう。

○「あなたが望む施策は」などの要求項目に○印をつけてもらい、あとで数字を集約し要望の強い順番などがわかるようにしましょう。同時に、「地方議員に望むこと」の設問も大事です。

○日本共産党への意見、要望を自由に書いてもらう項目をつくりましょう。

○料金受取人払いの封筒とアンケート用紙をいっしょに配ります。はがきのアンケートは、プライバシーを気にする人もいるので、封書の方が効果的です。

○ネットのアンケートサービス（グーグル・フォームなど）を活用し、アンケート用紙にＱＲコードを入れましょう。活用したところでは、若い世代や真ん中世代からの回答がたくさん寄せられています。

○集まったアンケートは、選対指導部と支部、候補者が見て集団的に検討しましょう。結果は、ビラなどで必ず住民に返しましょう。「この切実な声にこたえます」と党の政策や候補者の演説にも生かしましょう。そして、住民から出された要求については、実現に向けて、住民と力を合わせて、署名活動、自治体交渉などにとりくむことが大切です。アンケートに寄せられた要求をまとめ、冊子にして活用することも効果的です。

（１）政策の正当性、実現の展望を示す

「自治体は財政難」の宣伝や「共産党はできもしないことをいう」などと他党・会派が攻撃してくることがあります。それだけに、党の政策の正当性、実現の道すじを政策論的にも運動論的にも示すことが大事です。

政策論戦と一体にアンケートなどでつかんだ要求を実現するための活動――「国保税引き下げを求める署名」や、自治体への申し入れなどにとりくむことは、実現への展望を運動で示すことにな

ります。

大前提として、住民の福祉とくらしを守ることが、自治体が果たさなければならない本来の仕事であること、自治体がこの立場に立てば、かなり多くの要求は実現できることをはっきりさせる必要があります。実際に、介護保険料・利用料の減額・免除や、乳幼児医療費の無料化などの切実な要求が、全国の日本共産党議員（団）の奮闘と住民運動によって、多くの自治体で実現しています。

議案提案権を生かした提起も大事です。「日本共産党の議員が○名になれば議案提案権を獲得します」。そうなったら「国保税や介護保険料の引き下げの議案を提案します」、「他の議員にもよびかけて実現に力をつくします」という訴えは、公約実現に向けたわが党の意欲的な姿勢を示すことにもなります。

（2）財源を示す

要求実現の道すじとして、財源を具体的に示した政策提起を行うことが大切です。住民不在のムダづかい政治を告発し、これを見直すことや、多くの自治体がため込んでいる「財政調整基金」の一部を取り崩して、福祉、教育の充実や、生活密着型の公共事業の促進など、住民本位に予算を使うという提起を具体的に行うことが大切です。比較的お金のかかるものは、「何カ年計画で実行する」などの提起も有効です。近隣の同規模の自治体で要求が実現できている例を紹介すれば、説得力がでます。

3、争点、現状の告発と他党批判／実績宣伝と党議員（団）の役割、値打ちの押し出し

（1）住民の目線にたった的確な告発、対決構図を鮮明に

個々の政策課題で日本共産党の立場への共感をかちとるだけでなく、日本共産党の議席を伸ばすことがどういう意味をもっているか――地方自治の原点を取り戻し、住民要求実現の最大の保障となるとともに、地域から市民と野党の共闘を発展させるなどの、党の躍進の意義・必要性を押し出すことが大事です。

〈争点〉

地方選では、首長選挙と議員選挙の違いをふまえて、争点を押し出すことが大事です。

首長選挙では、「市民不在から市民が主役に」や「自公政権いいなりの県政から県民の声で動く県政へ」など、自治体のあり方をどう変えるかを争点にします。わが党が与党の自治体の場合は、その自治体の行政の発展・充実を押し出すことになります。

議員選挙では、議会と議員のあり方にスポットをあて、政党のあり方を正面から問い、どの党の候補を選ぶかを選択の基準にしていきます。

〈告発〉

いま、住民のくらしは苦しくなる一方です。住民の声に寄り添い、怒りや思いを共有すること

が、論戦の出発点になります。有権者のくらしの感覚とズレないことが大切です。

告発は、他党の責任も明らかにし、住民の願いにたいし日本共産党と他党はどう違うのかを具体的に明らかにすることが大事です。住民の目線に立った的確な告発と他党批判があってこそ、政策・実績も党議員（団）の値打ちも光ります。

行政を告発するさい、自公政権のもとでの地方政治をめぐる矛盾がどうあらわれているかという角度が大切です。最初から「開発か福祉か」などの「図式主義」に陥ると、実情に合わず失敗することがあります。また、大型開発のムダを告発する場合には、金額の大きさを列挙するだけでは説得力をもちません。「水が余っているのにムダなダム建設」、「船が来ない港づくり」など、「なぜムダか」が住民のだれもがわかるように、リアルに示す必要があります。住民に身近な施策が切り捨てられている実例を示すと「いかに住民に冷たいのか」がうきぼりになります。

〈実績と他党批判〉

悪政にたいし、住民の立場から反対をつらぬいたこと自体、大事な実績です。まして悪政をストップさせたなら、なおさらです。行政チェックの役割と積極的提案や実績とを合わせて示すことで党の値打ちが光ります。

他党の発言回数や内容、政務活動費の使い方や議員の「海外視察」などの問題をとりあげると、わが党と他党との違いを端的に示すことができます。

党議員（団）が「行政をチェックする」、「行政のことを住民に知らせる」、「住民の声を議会に届ける」など、議会と議員のそもそもの役割を果たしていることなど、他党議員との違いを具体的に押し出すことが重要です。他党が住民の請願、陳情などに背を向ける中で、日本共産党が紹介議員を積極的に引き受けるなど、住民の声を議会に届けるかけ橋であることも役割の一つです。

わが党をのぞく「オール与党」の自治体でも、個別の課題で市民と野党の共闘が議会内外で広がる変化もあります。自公と補完勢力による政治の転換を正面にすえつつ、他の野党については事実にそくした前向きの批判が大切となります。

（2）要求実現の経過をリアルに示し、党議員（団）の役割を押し出す

党議員（団）は、住民要求実現のかけがえのないよりどころとなっています。子どもの医療費助成、少人数学級、介護保険の利用料・保険料の減免、障害者福祉の自治体独自の施策など、切実な住民要求実現の実績があり、日本共産党を伸ばすことは住民要求実現の最大の保障です。

党議員（団）の実績を押し出す宣伝のポイントは、要求実現にいたる党議員の役割を鮮明にすることです。党と住民運動がどう行政に働きかけたか、最初は妨害・抵抗していた政党や行政を、住民運動と結んだねばり強い努力でどのように動かし、要求が実現したかを、「物語」としてリアルにえがくと党の役割がよくわかります。また、日本共産党の値打ちと結んで「こういう実績のある党だからこそ公約を実現できる」と押し出せば、公約に説得力をもたせることができます。実績を一覧にするだけでは、党がどのような役割をはたしたのかがよくわかりません。

住民運動が大きく広がるなかで、他党議員なども住民要求に賛成する態度に変化した場合などは、経過を正確に示すことが大事です。経過・内容を具体的に示さない「日本共産党がやった」式

の宣伝では、足元をすくわれることにもなりかねません。経過をリアルに紹介することで、説得力がさらに増します。

地方で「市民と野党の共闘」に誠実に力をつくしている日本共産党の姿や行動を知らせることも、今日における日本共産党の値打ちのを示すことになります。

党中央委員会発行の『議会と自治体』では、全国の党議員（団）がとりくむ住民要求の実現や政策の焦点が掲載されていますので、参考にしてください。

■よく読まれるビラをつくるための留意点

1、指導部で心血そそいで集団討議を

政策論戦の基調を示すビラは、出す目的とねらいをはっきりさせ、選対スタッフや担当者まかせでなく、党機関と選対指導部で集団討議することが出発点です。

2、ビラは現場を見て書く。たえず新鮮な材料で

問題になっている現地には必ず行くこと。資料をよく見ながら現場で見たり聞いたりすれば、実態をリアルに正確に掌握し、住民の気分・感情もわかります。

3、明快な論理構成と切り口——見出しが勝負

黒板やホワイトボードを用意し、その前でレイアウトを描きながら議論すると、集団の知恵が出ます。

読む人の側に立った明快な論理構成と切り口の大見出し、小見出し、読みやすいレイアウトが決定的です。「結論押しつけ」型でなく、有権者の目線で、「ともに考え」、「ともに結論を出す」双方向・対話型が大切です。

4、要素はできるだけ少なく

片面の中心的な要素は2、3点程度におさえ、字の大きさや色彩で変化をつけるとよいでしょう。

5、本文は短く、わかりやすく、正確に

党に無関心な人も思わず目をとめ、読んでわかるものに——理屈でなく、事実で語ることが大切です。一つの小見出しには一つの要素、漢字は少なめに、センテンスは短く、力まないように注意しましょう。アンケートの結果や住民の声から入るなど、導入部と結論を工夫しましょう。

6、批判は事実で証明する

行政暴露や他党派批判をする場合、証明なしの断定はよくありません。報道記事や行政資料、議会発言や請願・陳情への態度などの客観的材料を駆使すれば、説得力をもつでしょう。判断材料を提供し考えてもらうという観点が大切です。批判内容の事実確認は念を入れて行いましょう。

7、住民の声を登場させる

住民や関係者の声を紹介するのは、党の政策と主張が住民の側に立っていることを示す大事な方法です。

8、グラフ、写真、まんが、イラストなどの効果的活用

グラフ、写真、イラストなどは、文章で説明するよりも説得力をもつ場合があります。グラフは正確であるとともに単純化が大事です。

「ご意見・ご要望をお聞かせください」と電話、ファクス番号、メールアドレス、ＳＮＳのアカウント名を入れれば感想が返ってきます。「しんぶん赤旗」、地域民報の申し込み欄、募金のよびかけやエコマーク（再生紙利用の場合）の掲載も忘れないようにしましょう。

9、名前と数字、選挙法規は三度調べよ

一番間違いやすいのは、人の名前、地名などの固有名詞と数字。「値上げ」などの「上」「下」も間違いやすいので注意が必要です。固有名詞などをミスすると「刷り直し」になる場合があります。ミスは、原稿を書いた本人より、他人の方が発見しやすいものです。必ず集団でチェックをするようにします。

客観報道を示す「日本共産党○○委員会の見解を紹介します」などのリード文も忘れずに。選挙法規の担当者に見せて確認しましょう。

10、最後のツメが大事

印刷所に入稿してから「あとはおまかせ」では、いいものはつくれません。校正は念には念を入れ、字体、字間や行間も見やすくなっているかどうか、色は大丈夫か――最終確認もみんなで見ればミスはなくせます。

これから宣伝物づくりにたずさわる方のために、『議会と自治体』２０２１年2月号に、「宣伝物作成入門――初歩から始めるビラづくり&ＳＮＳ発信」が掲載されています。他にも中央の出版物や交流ニュースなどで宣伝物の教訓や、各地のすぐれた宣伝物を紹介していますので、参考にしてください。

4、反共攻撃に反撃し、攻勢的に党を語る

これからの地方選挙の一つひとつは、地方政治とともに国政が問われ、さらにその根本に各党の政治的立場の基本が問われる激しい党派間闘争の場になります。「二重の大逆流」と正面からたたかい、綱領の立場を国民に広く明らかにし、積極的支持者を増やすことが地方選挙勝利にとって不可欠となっています。

２０２1年総選挙後の中間選挙で前進・勝利したとりくみに共通しているのは、反共攻撃に正面から反撃し、党の値打ちが光る論戦を展開したことです。支配勢力が、わが党の政権参加への不安をあおり立てるもとで、「日本共産党が政権に加わることこそ日本の政治をよくする道だ」ということを攻勢的に訴えましょう。

「安保廃棄」、「憲法と自衛隊」、「天皇の制度」、「社会主義・共産主義」といったテーマで有権者の疑問にこたえることが重要です。同時に、共産党を含む「野党共闘は失敗した」、「共産党の綱領

は現実離れ」、「共産党との共闘が失敗の原因」など、支配勢力が共闘こわしの攻撃を強めています。わが党が、こうした攻撃や有権者の疑問にかみ合わせて攻勢的に党を語ることが重要です。中央委員会がその時々に発行する宣伝物を宣伝や対話で活用しましょう。それぞれの地域で作成される宣伝物やニュースなどに適切な形で紹介しましょう。

卑劣な攻撃や妨害は許さない

反共攻撃は、みずからの悪政と国民との矛盾をおおいかくすために、まともな政策論戦をさけ、日本共産党を、デマや中傷で傷つけ前進をおさえようという卑劣な攻撃です。それはまた、選挙のあり方や民主主義をゆがめるものです。

反共攻撃はけっして軽視せず、内容を正確につかみ、ビラや演説などで適切に反撃します。反共攻撃は、大局的に見れば、落ち目の反動派の悪あがきともいうべきものです。内容には真実も道理もなく、必ず打ち破ることができます。

反共攻撃への反撃で大事なことは、広い有権者に党の本当の姿と役割をわかってもらうこと、さらに、卑劣な攻撃をかけてきた勢力の反国民的、反民主主義的な正体を広く有権者に知らせ、相手にとって痛手になるところまで徹底することです。

また「共産党落としのシフト」を打ち破るためには、党員、支持者にとどまらず、広い有権者にたいして、他党が結託して「共産党落としのシフト」をしいている事実を暴露し、それがいかに民主主義に反し、住民に悪政を押しつけるものであるかを明らかにして、党派をこえた支持を日本共産党に寄せてもらえるよう、よびかけましょう。

なお、党幹部、国会議員、候補者をねらった暴力的攻撃を許さないために、万全の対策をとりましょう。

■ 政治活動や選挙活動の妨害は犯罪行為

正当な政治活動や選挙活動への直接的な妨害には、冷静に毅然と対処することが基本です。街頭演説への妨害は、聴衆やまわりの人に、こうした行為が正当な政治活動や選挙活動への妨害であるとともに、国民の権利と民主主義への攻撃であることを訴え、妨害者がまわりから孤立するようにしていくことが大切です。

悪質な妨害行為にたいしては、告訴、告発するなど法的措置をとることも必要です。カメラ、ビデオ、ICレコーダーなどを用意しておき、携帯電話、スマートフォンなどのカメラ機能も活用して、いつでも現場の証拠をおさえられるようにしておきましょう。

選挙前でも、弁士を取り囲んで演説ができないようにするとか、マイクのスイッチを切ったり、スピーカーを覆って聞きとりにくくするなど、威圧によって正常な宣伝活動ができなくなる状況をつくることは、刑法234条の威力業務妨害罪にあたります。また、ハンドマイク、宣伝機材などを傷つけたりする行為は、いずれも刑法261条の器物損壊罪にあたります。近年、ネット・SNSを利用した日本共産党や候補者への執拗な個人攻撃やデマ、フェイクニュースの拡散が行われています。公示・告示の前後にかかわらず、ウソをついて党の候補者を当選させないようにする宣伝は、「虚偽事項の公表罪」（公職選挙法235条）も適用できます。選挙の自由妨害罪（同225条）は、最高で懲役4年にあたる犯罪です。暴力行為や器物破損など実害があった場合は、すみやかに警察に通報しましょう。

5、党の押し出しと一体に、候補者の政治家としての魅力や人柄を押し出す

日本の選挙制度では、衆議院の比例区は政党名で投票、それ以外の選挙は候補者に投票する仕組みになっています。参議院比例選挙は、政党名か候補者名かのどちらでも投票できますが、党は「日本共産党とお書きください」と訴えることを基本にしています。

選挙では、政党支持の枠をこえて、党候補の人柄で支持する有権者も多数います。いま国政でも地方政治でも、政党・議員を見る目が厳しくなっています。日本共産党の候補者をよく知ってもらうことは、共感と支持を広げるうえで不可欠です。

国政選挙では、比例代表で日本共産党への支持を広げることが基本です。地方選挙では、複数立候補の選挙で「だれに投票すればいいのか」などの声も聞かれ、候補者宣伝の今日的意義がますます高まっています。

候補者押し出しの五つの要素

候補者押し出しの宣伝にあたっては次の五つの要素をおさえ、候補者ごとに内容を組み立て、練りあげるようにしましょう。

①有権者の代表にふさわしい政治家像をうちだす

選挙では、政治家として支持を問うのですから、候補者が、有権者の代表として、市民と野党共闘の代表として、議会で活動する値打ちをもった人物であることをはっきり示すことが肝心です。「働く者の願いがわかる人」、「要求実現にとことんがんばれる人」、「住民の願いをまっすぐ議会に届けて発言回数第1位」、「道理ある提案で市政を動かす」、「市民運動が生んだ政治家」などです。

なお、候補者が新人の場合、「なぜ立候補するのか」がわかるように心がけましょう。

②生い立ち、経歴を生き生きと

党候補者の生い立ち、経歴は、それまで成長してきた、涙あり、笑いありの生きざまをえがくことが大切です。「若いときから苦労し、人の気持ちがわかる人」など、必ずピカッと光るものがあります。これに成功すれば、なぜ日本共産党に入党し、なぜ議員になったのか、なろうとしているのかがよくわかり、有権者の共感をよびおこすものになります。

③実績で政治家としての値打ちを示す

住民とともに力を合わせて実現してきた実績を示して、政治家としての値打ちを証明することは、候補者宣伝の重要な内容になります。新人の場合でも、住民運動や平和運動、労働組合運動などでの経験や、PTA、町内会、サークル活動などで果たした役割を調べれば、議会に出たらただちに住民の立場でがんばれる政治家としての資質や能力を示す実績はいろいろあります。

④人柄――日本共産党員としての人間らしさを

党への誤解や拒否感を克服するうえでも、候補者の人間的な温かみ、豊かな感性、スジをとおす強さなど、人柄を押し出す宣伝が重要です。抽象的なほめ言葉をならべるのではなく、エピソードや人柄を示す写真、友人の言葉などで、事実を語ることが一番の力です。

⑤政策――候補者としての公約

党の政策、公約一般ではなく、候補者宣伝の要素としての公約の押し出しを工夫しましょう。候補者の活動地域の要求にこたえる公約や、候補者自身の「ライフワーク」としてとりあげたいことなど、候補者の思いと個性がにじみ出るものが大切です。

以上の五つのポイントに立って、選対や支部の集団の知恵で、どう候補者を押し出すのかを練りあげて、候補者パンフやリーフをつくる必要があります。そのさい、候補者本人の生い立ち、生き方をくわしく聞き出すとともに、押し出しの内容について候補者本人の意見、希望をとり入れることが必要です。

■新旧交代の場合の勇退議員の位置づけ

勇退する議員は、それまで党を代表し、住民と結びついて活動し、信頼を集めてきたわが党の〝宝〟であり、住民にとっても〝宝〟ともいうべき人です。勇退する議員の影響力をどう生かすか、どうすれば党の議席につなげることができるかについて、特別の努力を払う必要があります。

勇退する議員の活動をきちんと評価し、ビラやパンフにも登場してもらいましょう。場合によっては、勇退する議員を「主役」にした宣伝物も有効です。また、新しい候補者も、勇退する議員がきずいた住民と党との信頼関係のうえに立って、それを引き継ぐという立場でのぞむことが重要です。

6、大量政治宣伝で政治論戦をリードする

（1）どんなによい宣伝物でも、有権者に届かなければ力を発揮しない

選挙戦では、政策論戦で政治的優位性を確保することは絶対条件ですが、有権者全体の心をとらえる宣伝活動で、他党を圧倒してこそ勝利の道が開かれます。大量政治宣伝を先行させ、党と候補者の元気で勢いのある姿を見せ、街の空気を変えることが決定的に重要です。これが組織活動を前進させる力になります。

どんなによい政策論戦を確立しても、それが一人ひとりの有権者に届かなければ、威力を発揮し

ません。有権者の生活条件や地域の社会的変化に対応して、宣伝物を届ける態勢を強める必要があります。党の力量をふまえて、すべての有権者に党の訴えをどう届けるのか。党外の方の協力を思い切ってお願いするなど、これまで以上に工夫と努力が必要です。

宣伝では「重層的」という観点と作戦が大切です。1回の演説やビラにすべてを盛り込むことはできません。各種の宣伝物、宣伝活動全体を通して、必要なことが有権者に届けられるようにすることです。

制約の多い公職選挙法のもとでも、可能なあらゆる宣伝手段と方法を工夫して、量でも質でも他党、他候補陣営を圧倒しましょう。

(2) 不特定多数に訴える「声の宣伝」は効果抜群

宣伝カー、ハンドマイクによる「声の宣伝」は、不特定多数の人びとに直接語りかけるもっとも効果的な宣伝手段です。この間の地方選挙では、局面を打開するために力を集中して「声の宣伝」に攻勢的にとりくみ、勝利をかちとっています。有権者が選挙で、見たり聞いたりしたものの中で「役に立ったもの」は、「選挙公報」「候補者のポスター」「テレビ政見放送」と並んで、「街頭演説」が上位です（「明るい選挙推進協会」2019年統一地方選の調査）。「声の宣伝」が旺盛に展開されることで、その訴えを聞いて党の政策に関心をもち、全戸配布ビラなどの文書宣伝物を読んでくれる人が増えるという効果があります。「声・ビラ・対話」の三位一体作戦の有効性はすでに実証済みです。

本番中には宣伝カー・ハンドマイクによる「声の宣伝」ができない国政選挙や知事選挙、市長選挙、都道府県議選挙、政令市議選挙は、公示日・告示日までが勝負です。「5世帯に1カ所」、「10世帯に1カ所」などの目標を決め、意欲的にすすめましょう。

▩「まちかど演説」はこうやって

候補者の演説ポイントを事前に知らせて、「まちかど演説」として開催することも、支持と「担い手」を広げるうえで有効です。最近では、聴衆の質問にこたえるなど、「双方向」での「対話型宣伝」のとりくみも広がっています。

- 日時と場所を、ニュースやSNSで知らせます。民報形式の告知ビラを演説場所の周辺にポスティングしたり、電話でお知らせすることも有効です。
- 可能な限り、「地元弁士」をお願いしましょう。
- 聞きにきてくれた人にお礼をいいながら「折り入って袋」(「必勝袋」)をわたして、「支持を広げてください」とお願いをしましょう。
- 「駅前」「スーパー前」などで定時定点で継続すると、有権者に定着して支持と「担い手」を広げる力になります。

（3）全戸配布ビラは、政治論戦の基本になる宣伝物

選挙戦での全戸配布ビラは、党の政策・公約と党議員（団）の必要性、他党との違いなど、政策論戦の基調を全有権者のものにする基本となる宣伝手段です。基本のビラとともに、地域要求や階層ごとの要求にそったミニビラ・地域ビラや、どの地域、どの階層から得票を得るかというねらいにそったミニビラも有効です。

7、政治論戦に熟達する――県・地区機関の責任とスタッフの養成

党機関、選対指導部が、国民の関心、政治情勢や他党派との論戦の進展を敏感にとらえ、攻勢的な政治論戦を組み立てることは、選挙戦では決定的に大事です。機関メンバーや議員、非常勤の党員などを、実際の選挙戦のとりくみをつうじて政策論戦をになう幹部として養成し、スタッフを構成しましょう。

4 インターネット・ＳＮＳの活用、若い世代・市民とともにたたかう選挙を

1、選挙方針の発展とＳＮＳ活用の意義――「ＳＮＳの活用なくして選挙勝利なし」

第28回党大会決定は、「新しい情勢にふさわしく選挙方針を抜本的に発展させよう」と「インターネット・ＳＮＳを駆使した双方向での宣伝・組織活動」を提起しています。

２０１３年にネット選挙が解禁され、18歳選挙権の実現やＳＮＳの大規模な普及のもとで、ネット・ＳＮＳは、選挙戦でも重要な舞台になっています。得票目標を実現するためには、支部が持っている各種名簿や結びつき、テレデータだけでは足りません。若い世代や現役世代へ働きかけを思い切って広げることが必要です。「固定電話を持っていない」、「電話番号がわからない」、「日中訪問してもいない」、「新聞をとっていない」というこれらの世代は、ＳＮＳで情報を入手し、つながり合っています。そこに広く働きかけ、つながり、組織する手段としてネット・ＳＮＳの活用を思い切って強めることが必要です。

インターネット・ＳＮＳは、若い世代をはじめ広い有権者・市民へ、党の立場や政策・活動を知らせ、ＳＮＳをつうじて結びつきや支持を広げるツールです。ＳＮＳの活用は、市民とともにたたかう選挙戦、若い世代が生き生きと力を発揮できる選挙戦にするためにも欠かせないものとなっています。

また、この分野は、他党もとりくみを強化しており、激しい宣伝・支持獲得の舞台となっています。

「ＳＮＳの活用なくして選挙勝利なし」の立場を確立し、活動の強化を図りましょう。

２、「選挙作戦」として、ＳＮＳ活用、選挙ボランティアの具体化を

ネット・ＳＮＳを駆使して、若者、広い国民との結びつきを日常的に広げる

ネット・ＳＮＳを使って、候補者の魅力、実績、議席の値打ち、さらには選挙戦の対決構図や情勢などをチラシと同様に広く有権者に知らせましょう。動画やバナーなどを作成し、計画的に発信するようにしましょう。発信された動画やバナーを一人ひとりの党員が拡散するとともに、結びついている人びとに紹介し、支持拡大や「折り入って作戦」でも活用できるようにしましょう。

議員・候補者は、Ｔｗｉｔｔｅｒ（ツイッター）などＳＮＳの活用をすすめ、日常的に党の政策や市民に役立つ情報の発信、生活相談窓口としても活用しましょう。また、街宣や「集い」などの日時・場所を事前に広く知らせることも大切です。ＬＩＮＥ（ライン）公式アカウントをつくり、

「ＳＮＳ版後援会」として、ＱＲコード付き登録チラシを作製し、読者や後援会員の協力も得て、日常的に登録者を増やす活動にとりくみましょう。議会報告などの情報提供とともに選挙活動への協力をよびかけ、ともにたたかう選挙とするよう活用しましょう。ネット選挙で多くの有権者が参考にしているホームページをつくるようにしましょう。プロフィールや政治信条、議会報告、政策やＳＮＳのアカウントも掲載し、必要な情報がわかるようにします。議員・候補者への援助やサポートは機関が責任をもって行えるように体制確立しましょう。

幹部・国会議員が参加する節目となる街頭演説は、ＹｏｕＴｕｂｅ（ユーチューブ）での配信を行い、リアル参加と一体に広く視聴できるようにしましょう。

若い世代が多く使っているＳＮＳのＴｗｉｔｔｅｒスペース、Ｉｎｓｔａｇｒａｍ（インスタグラム）やＴｉｋＴｏｋ（ティックトック）など、得意とする方々の知恵・力を借りて挑戦しましょう。

都道府県委員会・地区委員会や候補者選対で、ＳＮＳ担当者を決め、若い世代や党外の方々に広く協力をよびかけＳＮＳチームをつくり、系統的・集団的に促進できるようにしましょう。機関として「ＳＮＳ活用学習講座」や「ＳＮＳ活用交流会」を積極的に開催し、全党の力を引き出せるようにしましょう。

ＪＣＰサポーター・選挙ボランティアとともに選挙戦を

ＳＮＳも使って、ＪＣＰサポーターを広げ、選挙ボランティアを大胆につのり、ともにたたかう楽しい選挙をすすめましょう。街頭演説や駅頭・スーパー前での宣伝の場所や時間、チラシ配布やポスターの張り出しなど、活動内容を具体的によびかけるようにすることが大切です。街頭演説や演説会では、「ボランティア募集」のコーナーなどを設けてよびかけましょう。

ＪＣＰサポーターは、「党と国民がネット・ＳＮＳで日常的に結びつき、ともに力を合わせて選挙をたたかう」ことを目的に始まったとりくみで、いま全国で2万人近い方々が登録しています。地方議員や候補者を先頭に、いっしょに選挙をたたかう仲間として、サポーターや選挙ボランティアに協力してくれた方々と懇談するなど、「ともにたたかう」とりくみを具体化しましょう。

各都道府県委員会をつうじて中央委員会選対局に申請すれば、都道府県別のメールやＬＩＮＥを該当する都道府県に住むＪＣＰサポーター会員に送ることができます。都道府県でサポーターへのよびかけなどを積極的に活用してください。

全都道府県で、サポーター・ボランティアの担当者を決め、ＳＮＳでの発信を強化し、日常的に市民と共同したとりくみをすすめましょう。サポーターとの協力を強め、双方向型、市民参加型で集まりやすいセンター・事務所、スペースの確保などに努力しましょう。

3、ＬＩＮＥやＺｏｏｍを全党員参加の党活動、選挙活動の推進に役立てる

コロナ禍をつうじて、職場や自治会、サークルなどで、Ｚｏｏｍ（ズーム）やＬＩＮＥを使った会議や情報の共有化が日常的に行われるようになっています。

子育てなどで支部会議への参加が困難な党員の声にこたえ、夜9時からＺｏｏｍを使った会議を行うようにした支部、地区役員会議や選対会議、選挙学校でもＺｏｏｍでのオンライン会議が開催されています。ＬＩＮＥグループをつくり日常的な連絡・連帯網として活用している支部もあります。地区機関や議員団で、情報交換や必要な連絡などにも使われるようになっています。

党員がＬＩＮＥを使い、志位委員長や国会議員、候補者の動画などを、「ぜひ見てほしい。よければ応援を」などの一言を添えて発信し、支持拡大や担い手を広げる作戦として活用する経験も全国で広がっています。ＬＩＮＥのつながりはマイ名簿であり、「折り入って作戦」名簿として活用できます。

SNS活用の注意点

ＬＩＮＥグループをつくるときは、あらかじめそのグループの目的、投稿のルールなどを共有・確認し、その目的が終わればグループは解散するようにしましょう。

つねに相手をリスペクトする精神で、党内外を問わず特定の個人への攻撃、とげとげしい言葉や人格批判などは行わないように注意しましょう。組織の党員数や読者数など組織的数字は絶対書き込まないことや、了承を得ず他人の写真を掲載するなど個人情報の投稿は禁物です。

当然のことですが、党の内部問題はＳＮＳ上に持ち出さないなど、党規約を守ってとりくみましょう。

党や党議員・候補者を批判・攻撃する意図的な書き込みがやられる場合もありますが、党機関と相談して冷静に対処しましょう。

「ネットによる選挙運動」で何ができるか

すべての選挙で、公示（告示）後のネット上での候補者宣伝や投票依頼などの選挙運動ができます。電子メールもふくめネット上での政治活動は自由です。ただし、公示（告示）前は従来通り、投票依頼などの事前運動は禁止されています。

本番中の選挙運動は「ウェブ」と「電子メール」の大きく二つに分かれます。

「ウェブ」は、「電子メール」以外のホームページ、ブログ、フェイスブック、ツイッターなどのことです。基本的に選挙活動は自由に行えます。ホームページ、ブログでの投票のよびかけだけでなく、動画投稿サイトへの候補者の動画のアップロードもできます。

「電子メール」は、パソコンや携帯電話のいわゆる「メール」と携帯電話の番号を使った「ショート・メール」の二つです。政党と候補者は、一定の制限のもとに、選挙活動用のメールを送ることができます。

一般の有権者も、直接の投票依頼はできませんが、これまでどおり、公示（告示）後も政治活動のメールは送れます。

主なＳＮＳの種類と特徴

ＳＮＳは、「ソーシャル・ネットワーキング・サービス」の頭文字をとった略称。主なＳＮＳとその特徴は以下の通りです（２０２２年10月時点）。その特徴を生かして活用をしましょう。

●ＬＩＮＥ（ライン）

・国内利用者数　９２００万人

・支持拡大や「折り入って作戦」で使うと効果的。

・日本で利用者が最も多く、全世代が利用し、現在では、文章の送受信だけではなく、音声通話やビデオ通話も可能。多くの人が連絡・コミュニケーションの手段として活用。家族や職場、学校のクラス、地元、趣味仲間との連絡など、つながっている人の結びつきが強い。

●ＬＩＮＥ（ライン）公式アカウント

・企業や店舗用のＬＩＮＥアカウント。議員・候補者個人や団体などでアカウントをつくる（登録する）ことができる。９２００万人のラインの利用者とつながることができる。友だちになったユーザーへ、メッセージや写真、動画を配信し、コミュニケーションを円滑に取ることができる。チャット機能を使って1対1でもやりとりができる。

・「ＬＩＮＥ版後援会ニュース」として活用するのも有効

●ＹｏｕＴｕｂｅ（ユーチューブ）

・国内利用者数　６９００万人

・コロナ禍で利用者が急増。さまざまなジャンルの動画が投稿されており、幅広い世代が動画を見たり、情報収集の場として利用。動画作品を継続的に公開し、多くのファンを獲得している〝ユーチューバー〟と呼ばれる個人および組織が存在する。

●Ｔｗｉｔｔｅｒ（ツイッター）

・国内利用者数　４５００万人

・議員・候補者の日常の活動の発信に有効。

・投稿できる文章は１４０文字以内。話題になる投稿は、何千人、何万人という規模で話題に。速報性、拡散力がある。短文での投稿が中心だが、写真や動画をつけて投稿することも可能で気軽にできる。また、音声をつうじて交流できる「スペース機能」もよく使われるようになっている。匿名が多い。

●Ｉｎｓｔａｇｒａｍ（インスタグラム）

・国内利用者数　３３００万人

・比較的新しいＳＮＳ。写真や動画の投稿がメインのＳＮＳ。利用者は10代、20代で半数以上。30～40代にも人気。美しい写真が好まれ「インスタ映（ば）え」という言葉も（２０１７年の流行語大賞）。

・同じ趣味で横につながることができる。「インスタライブ」でライブ配信できる。

●TikTok（ティックトック）

・国内利用者数　950万人

・比較的新しいSNS。10代、20代の利用率が高い。

・15秒～60秒程度の短い動画の投稿が中心。アプリで簡単に動画をつくることができる。活発でノリの良い動画が多い。

●Facebook（フェイスブック）

・国内利用者数　2600万人

・メッセンジャー機能を使って、1対1のメッセージのやり取りができ、支持拡大や「折り入って作戦」で使うと効果的。

・日本では実名登録が基本。家族、友人、会社の同僚など、実生活の知り合いへ向けて近況を詳しく報告したい、近しい人たちの近況を知りたいという場合に利用している人が多い。

5 党機関・選対の任務と役割

選挙の指導と活動全体については、得票目標の実現へ、準備から選挙結果まで党機関が責任を負います。同時に選挙前の適切な段階で選対本部をつくり、機関の指導のもとに、選挙の具体的活動と推進について一定の権限をあたえ、日々活動できるようにします。

1、選挙勝利に向けた二重の任務と五つの活動

選挙戦の勝利は、個々の支部や候補者、個別選対の努力だけで得られるものではありません。「すべての支部が『支部が主役』の選挙戦にたちあがる指導」と、「党機関として選挙勝利のために独自にとりくむ仕事をやりきる」――この二重の任務を果たしてこそ、選挙勝利は可能になります。

同時に、党機関として次の五つの活動をすすめていく必要があります。

第一は、政治論戦のうえでの責任を果たすことです。それぞれの自治体の政策的争点を明らかにし、党と候補者の役割を押し出し、事実に即して他党批判を行うことなどです。

第二は、選挙戦の節目ごとに「情勢判断の4つの基準」（93ページ参照）にもとづき選挙情勢を集団的に正確に判断し、勝利のために必要な手立てをとり、党と後援会に徹底することです。

第三は、候補者にたいして、演説をはじめ政治的援助、活動上の悩みの解決、候補者押し上げの宣伝物づくりなど、親身な援助を行うことです。

第四は、各分野の市民・国民運動をさらに発展させるとりくみを強めるとともに、「市民と野党の共闘」で培った信頼関係を生かし、知恵も力も借りて、党への新しい支持を獲得する条件を広げることです。また、労働者、女性、業者、農漁民、医療、宗教者、学者・文化人、青年・学生など分野別の対策とタテ線後援会の活動を強めることです。

第五は、党員の党費納入の向上を土台に、広く募金活動にとりくみ、財政面からも国民に依拠したたたかいを展開することです（9参照）。

この五つの活動をやるうえでは、都道府県・地区の指導機関は、①選挙戦のなかでも、機関としての必要な集団的な指導体制は崩さない、②個別選対など選挙に必要な体制は、非常勤の党員の力を結集してつくりあげることを基本に具体化をはかることが大切です。選対に若い世代に加わってもらうようにしましょう。

（1）統一地方選挙の前半戦と後半戦を「同時に、独自に、相乗的に」

統一地方選挙の前半戦（道府県議選、政令市議選）と後半戦（市区町村議選）の双方で勝利をかちとるため、宣伝物の作成をはじめ独自の準備を逆算で行います。

これまでの統一地方選挙では、前半の県議の議席は獲得したものの、後半の市議選の独自準備をおろそかにして議席を失った例や、「市議選に上乗せする」という考えで県議選独自の対策が弱く県議で惜敗する失敗がありました。こういう失敗をくり返してはなりません。前半戦と後半戦を、「同時に、独自に、相乗的に」の見地でたたかいぬきます。

（2）統一選対と個別選対の役割

一つの選挙区に、複数の候補者を立てる場合には、統一選対と個別選対をつくります。統一選対は、地区委員会の指導のもとに、選挙区全体を見た正確な情報判断を行い、複数候補の勝利と得票大幅増の作戦、必要な対策を具体化し推進します。

個別選対は、地区委員会と統一選対の方針を具体化し、とくに、候補者の活動、勝利のための作戦の具体化、候補者宣伝カーの運行、事務所の運営などに責任を負います。

2、政治目標を達成する選挙作戦計画（政治組織方針）の確立を急ぐ
――告示までに必要なことをやりきる

選挙作戦計画（政治組織方針）とは、それぞれの自治体・行政区で勝利するために、得票目標、支持拡大目標を決め、いつまでに何をどうするのかを総合的に明確にした作戦計画です。

党機関と選対は、この計画を党員、後援会員に徹底し、逆算方式で決めたことをやりきることが大切です。選挙作戦計画をつくる際に、次の6点に留意します。

（1）選挙戦の様相と力関係を検討し、逆算で

選挙戦をめぐる情勢と立候補状況を含む選挙戦の様相を検討します。また、出発点の力関係――直近の国政選挙の比例票や党員や読者の前回選挙時比増減と有権者比の到達、後援会員の増減、党支部の状況、現職候補なら4年間の実績や結びつき――などを確認します。

最近の中間選挙は、得票で前回比80～90％台のところが多いので、得票目標は前回の得票を基準にすると失敗しかねません。得票目標の決め方については、1－4（22～23ページ）を参照してください。

そして、「いつまでに、何を、どこまでやるか」を明確にして、党と後援会に徹底し、「逆算方式」で決めたことをやりきることが大事です。

（2）政治論戦の基本を確立し、宣伝・組織活動の計画をたてる

政治論戦の基本を確立するためにも、県市区町村政の実態や、住民要求と議会における各党・議員の役割がどうなっているか整理する必要があります。議会での論戦をふまえ、集団的に検討しましょう。

宣伝物の発行と配布計画、声の宣伝、ネット・SNSの対策、対話・支持拡大、後援会の拡大をいつまでにどれだけやるのか決めます。演説会・決起集会など運動の結節点を決め、それまでに何をどうするのか、節目標を明確にしてとりくむことが大切です（90～91ページ参照）。

（3）得票拠点の対策、候補者の条件を生かした作戦や地域ごと、階層ごとの作戦計画

「どこから、どう支持を獲得するのか」について、候補者の地元などの拠点作戦、候補者の特長や結びつきを生かした作戦、要求実現のとりくみなどで、新たな支持を広げる条件がある地域や、階層ごとの作戦を具体化しましょう。

候補者の地元作戦は特別に重視しましょう。早い時期から町内会長や区長などの有力者に率直に相談し、知恵と力をお借りしましょう。

地域ビラ、要求ビラなどの作成、地域要求にもとづいた署名活動（署名ビラ）、子育て世代、高齢者、若者向けなど、階層ごとのビラや宣伝計画も具体化しましょう。

無党派層・保守層との協力・共同をすすめつつ、新しい支持を広げる努力を

新しい情勢にふさわしく、機関や議員・候補者を先頭に、市民と野党の共闘をつうじてつくられてきた信頼関係を生かして知恵と力を借りるとともに、医師会やＪＡをはじめとするさまざまな団体、労働組合などとの懇談や交流を継続的、系統的にすすめましょう。何度も訪問することで、日本共産党への理解も信頼関係も深まります。

無党派や保守の人びとと共同をすすめていくうえでは、相手をリスペクトし、一致する要求にもとづいて、「ともに考え、ともに行動する」ことが大切です。一致点が確認されれば、相手の意

見、創意なども生かしながら、署名運動などにも共同してとりくみましょう。選挙戦では、こうしたつながりを生かし、ビラに「談話」をもらうとか、演説会で弁士をお願いするなどの努力もしましょう。

旧自治体ごとの様相をよくつかみ、政策論戦、選挙作戦を具体化・実践する

合併後の自治体では、引き続き旧自治体ごとの立候補状況、住民要求をきちんとつかんで作戦を具体化することが大切です。とくに、吸収された旧自治体では、役所の支所や公共施設の縮小・廃止、旧自治体時のすすんだ施策のカットなどもすすみ、深刻な矛盾が拡大しています。そのもとで、「この町（地域）の声を市政に届けるために、党派をこえて日本共産党の候補者（議員）へのご支援を」という訴えが引き続き重要です。

合併前と比べて議員定数が大幅に削減されるなかで、旧町村単位でも現職議員が1～2人というケースや、「地元」の議員がいない旧自治体も増えています。そのなかで「地元の議員は共産党だけ」という場合、自治会や町内会がわが党の候補者を推薦することも生まれています。

地元の候補者は保守系候補のみという場合は、その候補者・議員のくらしや地域の要求、国政問題などにたいする態度はどうかよく調べ、有権者の心情をふまえつつ、「この町（地域）のみなさんの願いにこたえるのは共産党の○○」ということをしっかり打ち出すように工夫しましょう。

（4）世代的継承・党勢拡大は選挙勝利に向けた中心課題として位置づける

「わが党の現在と未来にとって死活的な課題となっている党づくり」は、これ自身が選挙勝利の土台づくりです。毎回の選対会議で、選挙のとりくみや党勢拡大を議題にし、どちらも目標と期限を明確にして推進し、必ず党勢の上げ潮のなかで選挙をむかえるようにします。

（5）若い世代・真ん中世代への働きかけ、「ＪＣＰサポーター」、「選挙ボランティア」、ネット・ＳＮＳを大戦略に

青年や真ん中世代対象の「集い」の開催や、有権者名簿で調べた若い世代向けのはがきでの演説会の案内、大学門前や高校生の多い駅頭や保育所前などでの宣伝やアンケートの実施、選挙本番では選挙はがきを送る、などの経験も広がっています。

２０２２年参議院選挙では、各地で民青同盟や青年・学生が、青年キャラバンやＳＮＳなどでたたかいの先頭に立ち、日本共産党の勝利をめざして大奮闘しました。党としてこれらのとりくみに学び、この流れをさらに発展させるために民青同盟とよく相談しましょう。青年・学生党員が自発的・意欲的に活動できるよう、党機関が責任をもって系統的に援助しましょう。

ネット・ＳＮＳは得意な人にも加わってもらい、援助体制（チームなど）を確立しましょう（※ネット・ＳＮＳの活用については④を参照）。

全都道府県で、サポーター・ボランティアの担当者を決め、ＳＮＳでの発信を強化し、日常的に

市民と共同したとりくみをすすめましょう。サポーターの協力を強め、双方向型、市民参加型で発展させます。集まりやすいセンター・事務所の確保に努力しましょう。

幅広い層に広がる「JCPサポーター」、「選挙ボランティア」

「党と国民がネット・SNSで日常的に結びつき、ともに力を合わせて選挙をたたかう」ことを目的に2018年に発足したJCPサポーターとの共同が、この間大きな力を発揮しています。市民目線で日本共産党をどう押し上げるかと知恵を絞ってくれるサポーターの意見に耳を傾け、党の側も情勢や活動方針を伝えて、「双方向」で党の活動の発展に向けた意見交換を行ったり、「市民とともにたたかう」姿勢で選挙ボランティアをよびかけるなど、一歩踏み出したところで、サポーターや市民の大奮闘が広がりました。

地方議員や候補者を先頭に、サポーターや選挙ボランティアに協力してくれた方々と懇談するなど、「ともにたたかう」とりくみを具体化しましょう。

各都道府県委員会をつうじて中央委員会選対局に申請すれば、都道府県別のメールやLINEを該当する都道府県に住むJCPサポーター会員に送ることができます。都道府県でサポーターへのよびかけを積極的に行いましょう。

（6）財政

選挙をたたかうには、財政的保障が不可欠です。選挙戦にあたって、党機関は、積極的な財政計画をもつとともに、節約につとめ、赤字を出したり、借金を残したりしないようにすることが大切です（※詳細は[8]を参照）。

3、節目となる演説会、決起集会を設定し、選挙活動の跳躍台として成功させる――演説会は、新しい情勢にふさわしい内容ととりくみに

演説会は、党の政策や立場、候補者の姿などについて、一定の時間をかけて有権者にじっくりわかってもらう重要な機会です。党の幹部をむかえての大規模なものから、支部主催の演説会、女性や若者の集いなど、さまざまな規模、内容のものがあります。屋内演説会も屋外演説会もあります。

とくに党幹部や国会議員を弁士にした節目になる大きな演説会を成功させることは、選挙活動全体を飛躍させる極めて重要な作戦です。『市民と野党の共闘』をすすめる日本共産党と候補者の勢いを示す絶好の機会」、「党の政策や候補者の魅力とともに、日本共産党そのものを知ってもらう最高の場」、「全党員・後援会員の総決起の場、担い手を一気に広げる機会」など、演説会の意義と魅力を鮮明にし、知らざるものなしの大量宣伝――ポスターやビラの作成、宣伝カー、ハンドマイクの活用、ネット・SNSでの拡散、新聞広告など、全有権者を対象に広く宣伝し、党と後援会が総

力をあげてとりくみましょう。

とりくみにあたっては、「市民と野党の共闘」の中で培われた信頼関係を生かし、野党各党、保守を含む広い層の方々や町内会、商工会、医師会、福祉団体などに弁士やメッセージをお願いするなど、新しい情勢にふさわしい内容になるようにしましょう。無党派層や他党支持層、共闘で結びついた人たちに「招待状」を届け案内しましょう。

演説会に向けて担い手を総結集させましょう。参加のいかんにかかわらず、全党員、読者、後援会員など担い手になりうる人に演説会の案内をしながら、「折り入って袋」（「必勝袋」）などの選挙グッズを届けることが大切です。この活動をつうじて、対話・支持拡大を促進し、これと一体で党勢拡大も追求しましょう。こうした節目の活動のとりくみの成功と合わせて、選挙戦を軌道に乗せていくことが必要です。

また、入党対象者には事前に「入党のよびかけ」パンフなどの資材を渡すようにしましょう。党と後援会が共同して、節目ごとの学習決起集会を開き、論戦の中心点や選挙情勢などをはっきりさせて、みんなが確信をもって活動できるようにすることは、選挙の定石の一つです。

4、首長選挙を積極的に位置づけ、攻勢的なとりくみを

首長選挙を、新しい情勢の発展とわが党の政治的役割の増大にふさわしく攻勢的に位置づけます。首長選挙で勝利することは、その地方・地域の住民の要求を実現する条件を大きく広げると同

時に、「市民と野党の共闘」を地方政治でも前進させ、国政における「市民と野党の共闘」の流れを前進させるうえで重要な力となります。

自公政権は、地方自治体に、大企業のもうけのための大型開発と「規制緩和」を押しつける一方、住民の福祉とくらしの破壊、病院や学校、保育所、公営住宅や公共施設の廃止・集約化や公共施設の民営化などをすすめ、「住民福祉の機関」としての自治体の機能と役割の弱体化、地域経済の低迷・衰退に拍車をかけています。

そのもとで、「オール与党」自治体でも、議会内外で切実な要求課題での共闘が広がる新しい変化が起こっています。また、「市民と野党の共闘」は、地方政治の分野でも確実に前進し、少なくない首長選挙で自公候補を打ち破って勝利しています。

首長選挙で幅広い共同をすすめる土台は、「政策の一致」と「共同する意思」です。オール与党」体制のもとでも、実態は「自民・公明主導」となっていることがほとんどです。他党の共同は、実態をよく見た正確な対応が求められますが、「オール与党政治」を前向きに打開していく立場で対応しましょう。

首長選挙と議員選挙が同時に（または前後して）たたかわれる場合には、この二つの選挙の性格の違いや力関係をよく見て位置づけを考慮することが大事です。首長選挙では他党や幅広い人びとと力を合わせて、誠実にとりくむとともに、議員選挙は党独自で必要な準備をぬかりなくすすめ、必ず勝利することが重要です。

なお、首長選挙で次のケースは、必ず中央に事前に相談してください。「都道府県知事選と政令市の市長選挙」、「わが党が与党の首長選挙」、「他党派との共闘、現・元の他党幹部を推す場合」、「党機関の専従者や中央段階の運動団体役員を候補者として要請したい場合」。都道府県知事選や政令市長選、他党との共闘の対応は、全国的影響が大きいことを留意しています。

5、「情勢判断と対策」は党機関と選対のもっとも重要な任務の一つ ——「情勢判断の4つの基準」

選挙の情勢判断を、総合的、科学的に行い、勝利するための方針をはっきりさせ、これを党と後援会に徹底し、勝つためのすべての手立てをつくすことは、党機関と選挙指導部のもっとも重要な任務の一つです。

■情勢判断の4つの基準

①選挙の争点、党の政策と役割がどれだけ鮮明になり、有権者のあいだでどう評価されているか。宣伝や対話・支持拡大のとりくみはどうか。
②党議員・候補者の実績と活動はどうか。有権者の共感と支持がどれだけ広がっているか。
③他党・他候補の動向はどうか。「市民と野党の共闘」や日本共産党への攻撃がどのようにやられているか、それへの反撃はどうか。

④前回選挙、各種選挙での得票とその後の他党との力関係はどうか。党員、読者、後援会組織はどれだけあるか。前回とくらべてどうか。その力がどれだけ発揮されているか。

何のためにやるのか

情勢判断は、選挙諸活動の到達点はどうか、得票目標を実現するために何が障害になっているか、当選のためにさらに何をなすべきかをはっきりさせ、勝利への道を切り開くために行うものです。毎年、数票から数十票の僅差で勝敗が決まる選挙が多数生まれています。失敗した選挙の総括で、情勢判断が「当選圏内に入ったかどうか」などの「狭い」見方に陥り、そのために「ゆるみ」が生まれ、やるべき課題で不徹底が生まれた、という痛恨の報告があります。選挙はもともと、他党派との死力をつくした総合的なたたかいであり、最後まで有権者の支持を広げたり奪われたりする激烈なたたかいです。それだけに、情勢判断と対策をはっきりさせ、最後の最後まで総力をあげ、「やるべきことをやりつくす」のが選挙の常道です。

どのように判断するのか

情勢判断は、党機関と選対指導部の中心的任務の一つです。得票目標の実現を正面に「4つの基準」にもとづいて、あらゆる角度から集団的に検討します。マスコミの情報をうのみにすることなく、現場の生きた事実を総合的につかみ、「複数の人の目」で確かめ、正規の会議で集団的に検討し、情勢判断の結論をはっきりさせ、打開のための責任ある方針を明確にします。そのさい、候補者の意見を必ず聞きます。また、自陣営の状況だけでなく、他陣営が何を言っているかなどの動向をよくつかむことが大事です。

節目ごとに到達点を鮮明にし、くり返し情勢判断を行う

情勢判断は、一回やればよいということでなく、選挙の節目ごとにくり返し行い、情勢がどう変わったか、とりくみがどこまで前進したか、何が問題か、勝利するために何をなすべきか、を絶えず明らかにし、局面を打開することが大事です。このままでは得票目標はおろか、落選の危険があると判断したときには、局面を打開するために有効な、思い切ったあらゆる手を打ちつくします。

どのように徹底するか

党機関と選対が、どんなに立派な情勢判断をしても、それを機関のなかだけにしまっておいてはなんの意味もありません。情勢判断と局面を打開する具体的な方針を、選挙をたたかうすべての党機関、個別選対、候補者、支部と後援会、タテ線と各階層分野に徹底し、総決起をかちとること、ただちに行動を組織し、結果を見届けるまで指導を徹底することが肝心です。

そのために、機関と選対が責任をもってやること（全体の作戦の決定や遂行、宣伝物の作成、幹部・オルグの配置、知恵と力の集中など）については、ただちに手を打つとともに、意思統一の会議、必要な場合には党と後援会の合同の決起集会、緊急の支部会議、特別の（ジャンボ）後援会

ニュース発行とお願いの徹底など、手だてをつくす必要があります。支持者にも速やかに伝え、協力をお願いしましょう。

また、候補者と情勢認識を一致させ、候補者が局面打開に向けて、迫力をもって選挙戦の先頭に立つようにすることが大事です。

■「大丈夫」論、「なんとかなる」論とのたたかいのポイント

「大丈夫」論、「なんとかなる」論は、党勢が後退していても情勢が厳しいときでも、「これだけやって反応もよくなったから大丈夫」、「前回より票は減っても落ちることはないだろう」、「決めたことがやられていなくてもなんとかなる」など、いろいろな形で表れます。これを放置すれば、得票目標をいかに実現するかという立場が欠落し、「なんとかすべりこめるだろう」ということが事実上の基準となり敗北に直結します。

現状をリアルにつかみ、政治・組織方針をもって

党機関と選対が、この表れをリアルにつかみ、絶対に放置せず、機敏に意思統一することが大切です。その際、一般的に「危うし」と檄を飛ばしても、支部と党員に受けとめられず、力が発揮されません。相手陣営が何を言い、どんなとりくみをしているか、それにたいして党候補の活動の到達はどうか、党と後援会の活動状況、有権者の動向はどうかなどを、「4つの基

準」（93ページ）で明らかにし、①他党との関係でどの党にも負けない構えと活動になっているか、②投票日からの逆算で勝利のためにやるべきことをやりきる戦闘的なとりくみになっているか、の2点で自己点検し、問題点や打開の方針を明らかにし、徹底をはかるとともに、現場でただすことが大切です。

他陣営の「大丈夫」論攻撃には攻勢的に反撃を

他陣営による「大丈夫」論攻撃は、政策・実績・人柄など、有権者が候補者を選ぶ基準の問題でわが党を攻撃できないので、政策抜きに票をかすめとろうとする卑劣なやり方です。広く有権者に、「大丈夫」論攻撃が相手陣営による日本共産党候補落としの攻撃であることをわかってもらう必要があります。その際、「日本共産党と候補者への1票は福祉を守る1票、これが増えれば増えるほどくらしをよくする力が大きくなる。自民党、公明党などへの1票は国民いじめを許す1票になる」など、他党派候補と党議員の値打ちの違いも明らかにして、声の宣伝でも、ビラでも、後援会ニュースでも反撃することが大切です。

6 議員・候補者の活動と党機関の援助

1、議員・候補者は、その地方で日本共産党を代表する「顔」

議員・候補者は、その地方で日本共産党を代表する「顔」です。

わが党の議員・候補者は全国津々浦々で自民党・公明党政権や維新の弱肉強食の新自由主義の政治と対決し、地域から住民要求実現と「市民と野党の共闘」の再構築をすすめる歴史的たたかいの先頭に立っています。

有権者は、党の宣伝・対話やテレビの政党討論などで、党への関心、期待や評価を高めるとともに、身近な党議員・候補者と接することをつうじて、日本共産党そのものへの理解を深め、支持を確かなものにしていきます。

また、議員・候補者は、党を語り、世代的継承を軸とした党勢拡大などで、支部とともに力を発揮することが求められます。それだけに、社会生活や市民道徳の面でも、さすが共産党といわれるように心がけることがとりわけ重要です。党規約第5条は、党員の権利と義務の第一に「市民道徳と社会的道義をまもり、社会にたいする責任をはたす」をあげていますが、議員・候補者はその先頭に立つことが求められます。

2、議員・候補者の日常活動と機関の援助

では、議員・候補者が、地域の党の「顔」として、日ごろから確信をもって活動できるようにするには、どうしたらよいでしょうか。

まず第一に、党の綱領路線と政策、その時々の情勢と党の見解、方針などを身につける学習につとめることです。日々の「しんぶん赤旗」をよく読む習慣を身につけましょう。党機関は、議員・候補者の学習時間を保障しましょう。党歴の浅い党員が候補者になる場合、各級の党学校の修了を優先するよう援助しましょう。

第二に、議員・候補者の党生活を確立することです。議員団会議、候補者会議を定期的に開き、集団学習とともに、党の決定や方針を討議・具体化し、悩みも出し合えるようにするなど、党生活を確立することが重要です。

選挙に向けては、目玉とする実績・公約や、その実現のための要求運動などの計画を、党機関と補助指導機関、関係支部で協議して確立します。

第三に、議員・候補者が、定期的な宣伝活動、住民への報告活動にとりくむことです。党は地方議員について、議会活動の報告を議員活動の柱に位置づけています。議員（団）ニュース、候補者ニュース、地域民報などを日ごろから発行し、SNSでも発信し、住民の間に浸透させることが重

要です。そのためにも、支部や党機関がよく援助するようにしましょう。
第四に、生活相談活動や街頭宣伝、「集い」、党勢拡大のための訪問・対話、国政選挙の支持拡大などの日常活動への援助も支部や党機関が協力して行えるようにします。

なお、議員・候補者個人の政治活動用ポスターは、名前と顔、政党名がよくわかるようにすることが基本です。簡潔な政治・政策スローガンも入れましょう。「色」などの印象も大事です。ポスターには掲示責任者、印刷者の住所、氏名、演説会告知が必要です。

議員・候補者は、「4つの原点」のすべての面で全党の先頭に立つとともに、つねに党機関、選対指導部としっかり団結して活動しましょう。選挙の作戦や行動計画に違う意見があっても、できるかぎり現場の党員や後援会員に直接言うのではなく、党機関か選対指導部に提起して解決してもらうようにしましょう。

候補者の意見は、有権者との接点で最前線に立っているだけに重要です。党機関と選対指導部は、候補者がつかんでいる有権者の思いや党への注文、保守層や無党派層の声などをよく聞いて、解決すべきものはただちに解決し、指導と活動に生かします。

候補者は、活動の面でも、私生活の面でも、家族ともども他の党員にはない苦労を背負います。党の要請をうけた議員・候補者にたいして、党機関と支部はリスペクトの精神で、親身になって相談に乗り、援助をすることが大切です。支部、党員から批判があれば党機関が責任をもって、候補者としての成長を援助する見地から対応します。弱点ばかりをあげて、陰で批判するなどということは、絶対にあってはなりません。

女性議員・候補者に女性の援助者を

ジェンダー平等が遅れている日本で、女性が政治活動、候補者活動を行う上では特別の困難があります。党機関と党組織は、困難を理解し支えるようにしましょう。

女性候補者は、特に容姿のことや家族のことを言われるなど、ハラスメントの対象になりがちです。体調や家庭生活上の悩みなどの相談窓口となる女性の役員を配置するなど丁寧なサポートが必要です。

3、候補者演説について

候補者の活動は、選挙戦で重要な位置をしめます。なかでも演説は、候補者が何を訴えるのか有権者は注目しており、「候補者の命」とも言われています。

候補者演説では、政策・公約をつきだし、その実行のためにがんばる決意、党の立場をわかりやすく述べることが基本です。そして、候補者が自らの個性を生かし、型にはまることなく、自らの「思い」をしっかり伝えることが大切です。

住民の切実な声、怒りを共有し、候補者自身の体験をまじえて、実感を込めて訴えてこそ、有権者の心に響きます。党を語る場合も、紋切り型でなく、自分がなぜ日本共産党に入ったのか、その体験を語ることで、自分らしく党を語ることができるし、候補者の演説をつうじて日本共産党への理解を広げることができます。

また、地方選挙であっても、有権者のなかでは国政問題への関心が高く、候補者選択の重要な基準になっています。演説の内容に、それぞれの自治体の問題とともに、国政問題を大きな柱に位置づけ、国政、地方政治での党の役割を明らかにしましょう。

候補者は、政策論戦の基本を身につけ、どういう論立てで訴えるのか、演説原稿を必ずつくりましょう。そして、実際に演説し、まわりの人からも感想を聞いて、練りあげましょう。演説の基本が定まれば、演説時間の長さや場所によって内容の調整がしやすくなり、情勢や他党の論戦をふまえて、内容を発展させやすくなります。なお、演説時間が短いときは、主題を一つか二つに絞る必要があります。テーマを増やし、あれもこれもと話したのでは、有権者の印象に残りません。

候補者が自信をもって訴えられるようにするためには、機関や選対の援助が大切です。候補者は、党幹部の演説、日々の「しんぶん赤旗」をよく読むようにしましょう。選対は、マスコミ報道、他陣営の論戦の報告文書（メモ）など、必要な情報を候補者に届け、目をとおす時間を確保するようにしましょう。告（公）示前後からは、選挙の論戦が毎日のように発展してくるので、党機関や選対本部が、候補者とよく意見交換をするようにしましょう。

候補者にとってありがたいのは、演説にたいする聴衆の感想が伝えられることです。候補者にとって困るのは、「あれが足りない。これが抜けている」などと、いろいろな人からバラバラに言われることです。候補者演説にたいするさまざまな意見は党機関のしかるべき人がよく整理して必要なことを伝え、候補者演説の改善が必要な場合には候補者の持ち味を生かすことに留意して、どう改善すれば良いのか、候補者とともに考えましょう。

また、候補者の体調管理が大事です。「疲れた顔」で有権者の前に現れるより、適切に休みをとって「元気な顔」で出ていく方がよいのです。喉をつぶさぬように、「うがい」や健康管理も欠かせません。党機関と選対指導部は、候補者の体調管理を個人まかせにせず、候補者の意見もよく聞いて、適切に休養もとり、「元気いっぱい」活動できるようにしましょう。

4、ネット・SNSの活用について

地方議員・候補者は有権者から注目される存在であり、選挙前だけでなく、日常的な発信が大切です。TwitterやLINE公式などのSNSは、党の政策、市民に役立つ情報の発信とともに、市民のお困りごとの相談窓口としても活用しましょう。ホームページを必ず作成し、プロフィールや議会報告、政策とともに、活用しているSNSがわかるように表示しましょう。

■新人議員や若い議員が誕生したら党大会決定にもとづき、成長と活動の援助を

第27回党大会決議では、「学習をはじめ若い世代の議員の成長を励ますとりくみを思い切って強める」ことなど、地方議員の成長に力を注ぐことを提起しました。さらに第28回大会第一

決議では、「若い世代や新人の地方議員が未経験のなかで、苦労しながら議員活動をすすめていることをふまえ、党機関と党支部は、温かいヒューマニズムとリスペクトの立場で、議員を支え成長への援助を続ける」ことを強調しました。

新人議員のなかには、入党したばかりで立候補を決意した人や、職場での活動経験はあっても地域での活動は初めてという人もいます。

これら新人や若い世代の地方議員が、党議員として誇りをもって活動していけるように支えるとりくみを強めることは、地域できずいてきた党の歴史を未来にひきつぐ課題でもあります。新人候補者に寄り添って活動できる担当者を決めるようにしましょう。

新しく党にむかえた同志の成長を援助し育てる観点をつらぬく

党の世代的構成の現状のなかで、新人候補を擁立するには、世代的継承を軸とする党員拡大を根幹にすえて新しい党員をむかえ、成長していけるようにすることが大切です。候補者を決意してから選挙まで、さらには議員になってからも援助が大切であり、つねに成長を援助する観点をつらぬくことが求められます。若い世代の党員、新しい党員への将来にわたる計画的・系統的な援助方針を持ちましょう。

第27回党大会決議は、若い世代の議員に、機関が学習をはじめとした援助を強めることを強調し、その具体化として、4課目（①綱領、②党史、③科学的社会主義、④規約と党建設）の学習がよびかけられました。各都道府県での議員を対象にした講座や「県党学校」「地区党学校」は、候補者となる同志も必ず受講してもらうことや、マンツーマンでの学習も位置づけましょう。議員になってまだ修了していない人は、できるだけ早く受講してもらいましょう。

これらの学習によって、綱領と規約、中央決定にもとづき活動することの意味や、支部の党員とともに活動する大切さなど、党活動の基本を深く理解することができます。

成長過程をふまえて党機関、議員団、支部が支える体制を

若くても、党歴が短くても、議員になれば、その地域で日本共産党を代表することになります。議会活動は新人議員にとって、住民の声を議会に届けるやりがいを感じる一方で、資料の分析や質問準備などの不安、党を代表して立場の異なる相手と論戦を行う重い責任など、大きなプレッシャーを感じる活動でもあります。当選し、議員になったからといって、すぐに経験のある議員と同じ活動ができるわけではありません。党機関と支部、議員団は、こうした新人議員の成長過程をふまえて支えることが求められます。

第28回党大会決議にもとづいて、全党で新人議員の活動と成長を温かく援助していくならば、次の選挙でも、「党議員として頑張ろう」と決意することができるでしょう。また、地域の党の中核として、さらに党活動や議会活動に力を発揮できるでしょう。

新人議員への支援として、①新人議員には当選後ただちに都道府県委員会の責任で新人議員研修会を行いましょう。②党規約第44条にもとづき、必ず議員団に所属するようにし、学習や日常的な相談、集団的な論議を行う党生活の場として、議員団会議を確立・定例化しましょ

う。議員団指導部の努力とともに、党機関が体制をとり議員団会議を援助しましょう。③新人議員が支部と一緒に日常的な宣伝や対話、党勢拡大や要求運動などにとりくめるように、常にあたたかく相談にのれる同志を配置しましょう。新人議員・候補者がともに活動する支部への援助も大切です。

7 告（公）示後の活動について

1、告（公）示を契機に、各党派・陣営の動きが一気に表面化し、激烈な党派間闘争が展開される

（1）「選挙は最後までがんばりぬいたものが勝つ」という立場を堅持して

「告示までにやるべきことをやりぬく」ことが選挙勝利のための鉄則であるとともに、広い有権者の選挙への関心が一気に高まる告示後の活動が成否を左右します。

国政選挙でも、地方選挙でも、告示を境に他党派・他候補もさらに動きを活発化させ、選挙戦の激戦の様相が一気に表面にあらわれます。国政選挙では、各党の党首や国会議員の動きや演説の内容が連日、マスコミに報道され、地方選挙でも、各党の幹部や国会議員が応援に入り、街頭からの訴えや、それぞれの陣営の決起集会に参加してテコ入れを行うなど、投票箱のふたが閉まるまで有権者の支持を奪い合う激しいたたかいが展開されます。

「期日前投票」を特別に重視して――「毎日が投票日」という立場で

告示の翌日から期日前投票がはじまり、「毎日が投票日」です。最近の選挙では、期日前投票が定着してきたことにくわえ、各党・各陣営がとりくみを強めており、投票者の50％以上が「期日前投票をすませた」という選挙もあります。それだけに、期日前投票ができる場所、時間をお知らせしたり、投票所付近で宣伝するなど、期日前投票のとりくみを特別に重視しましょう。

最後まで迷っている人に、党の訴えを届けきってこそ

政党状況の流動化のもとで、政党や政治家・候補者を見る目が厳しくなっており、選挙戦の最終盤まで「どの党（候補者）に投票するか迷っている」という有権者は増える傾向にあります。2019年統一地方選では、投票した人の中で、告示日から投票日までの間に投票先を決めた人は68・1％で、投票日当日に決めた人も11・5％いました（道府県議選、「明るい選挙推進協会」の調査）。それだけに、選挙本番の活動で、宣伝戦でも組織戦でも、視野を思い切って広げ、他陣営を上回る活動を展開することが重要になります。「選挙は、最後までがんばりぬいたものが勝つ」という立場を堅持してたたかいぬきましょう。

（2）最後まで「情勢判断と対策」を行い、党と後援会の総決起を

告示後に必ず「4つの基準にもとづく情勢判断と対策」の論議を行い、その内容を党と後援会に徹底しましょう。そのことが、当落を分けることになったケースが少なくありません。

選対では、他候補・他陣営の論戦や組織戦の内容を具体的につかみ、それに対応して論戦や宣伝戦・組織戦を発展させる必要があります。「わが道を行く」ということでは選挙に勝てません。そのためにも、他党の幹部や国会議員、候補者の演説や動向などをリアルにつかむようにしましょう。また、連日活動・連日結集の臨戦態勢を確立し、選対ニュースを連続的に発行するなど、選挙戦の局面や論戦、対話の特徴、とりくみの経験などを、全支部・全党員、全後援会員に徹底し、一日一日の活動の飛躍をつくりだす必要があります。告示後の情勢判断にたって、「勝ち抜くために何が必要なのか」を具体的に明らかにしましょう。それらを「選対本部からの訴え」や後援会ニュースなどの文書にし、「党と後援会の緊急総決起集会」、「緊急地区役員・支部長会議」を開催するなど、党員・後援会員・支持者に一気に徹底して総決起をはかりましょう。

2、告（公）示後の作戦について

（1）告示後の作戦をどうつくるか――作戦の早めの徹底が大事

告示日からの逆算で、宣伝戦と組織戦の目標を明確にして、やるべきことをやりぬくとともに、告示前の到達と他陣営の動向をよく見定めて、告示後の作戦を練りあげる必要があります。「支部が主役」で選挙活動をすすめるうえでは、告示後の作戦をできるだけ早めに定め、支部に徹底することが大切です。

告示後の作戦の具体化にあたっては、党機関と選対指導部で集団的に情勢判断を行い、それまでの到達をリアルに検討し、争点と政策、候補者押し出し、野党共闘や日本共産党攻撃への反撃、他党批判のポイントをはっきりさせ、どこでどのように支持を獲得するのか、何をどう打開するのかについて、地域別、階層別対策も明確にし、候補者ともよく相談して、攻勢的な計画をたてる必要があります。

その内容は、政策論戦をどう発展させるのかを土台に、①候補者の活動計画（スケジュール）、②全有権者対象の文書宣伝の計画（全戸配布ビラ、地域・階層別ビラ、ポスター、選挙公報、選挙はがき、候補者のホームページ・ブログなど）、③候補者カー、政党カーの運行計画、街頭演説ポイント、④演説会、小集会・「集い」などの開催計画、⑤幅広い推薦人の組織、協力・共同のとりくみ、⑥対話と支持拡大の目標と対策（後援会ニュースの発行計画や「声の全戸訪問作戦」、「折り入って作戦」などもふくめて）、⑦選挙事務所の設置と人の配置、運営計画、⑧党と後援会の決起集会の計画、⑨財政計画などを具体化します。

（2）候補者中心の活動、候補者カーの活用は選挙作戦のカナメ

とくに候補者を中心にした作戦計画は重要です。有権者は、政党選択とともに「この候補者は期待していいのか」と候補者に強い関心を寄せます。候補者の心のこもった訴えは、これまで党の支持者でなかった人にも、「今度は日本共産党の候補者に入れよう」と思ってもらう大きなきっかけになります。それだけに、しっかり演説を準備するとともに、候補者の演説を一人でも多くの人に

聞いてもらうことは、選挙作戦の大事な柱です。

朝は駅頭宣伝・ビラまき、昼から夕方にかけての声の宣伝、夜8時以降はメガホンによる声の宣伝と電話かけなど、候補者を中心にした立体的な作戦を練りあげ、街の雰囲気を一気に変えてしまうようなとりくみが大切です。

候補者カーは十分なパワーのアンプを確保し、宣伝する地域によって音量を調節しましょう。候補者カーの整備には十分心を配り、駐車場も妨害などを受けないよう安全な場所を確保しましょう。

告示後の宣伝カーの運行のために、候補者カー・政党カー、運転手、アナウンサーの確保には万全を期し、必要な交代要員も配置します。アナウンサー養成のため、早くからアナウンサー学校を開催し、できれば事前の宣伝でリハーサルも行うようにします。

候補者カーは、訴えの中身とともにその迫力とマナー――真剣で、明るく元気な雰囲気など、スタッフ全体の活動が有権者への働きかけになります。それだけに、候補者とともに、全乗務員が団結し、迫力をもって全期間を走りぬかなければなりません。乗務員の意思統一や食事・睡眠など健康管理、運行に必要な資材の準備にも目を配り、候補者中心の作戦の一つひとつが勝敗に直結するものとして重視することが必要です。そのため、候補者、車長、アナウンサー、運転手などの意思統一を節々に行いましょう。

これまでの共闘のなかで培われた信頼関係を生かして、広い層の方々に応援弁士をお願いします。応援弁士とは事前に打ち合わせをしましょう（8を参照してください）。

選挙活動全体をつうじて、関係法規の厳守、民主的社会的マナーを守ることが大事です。

情勢の発展にふさわしく広い層に訴える工夫を――「線引き」の重要な意義

候補者カーでの訴えは、候補者が広い有権者に直接訴える最前線の活動です。それだけに、候補者カーの運行計画は、告示後の作戦のきわめて重要な柱となるものです。

日常的によく宣伝しているポイントだけでなく、有権者の流れにそってより広い層にどう訴えるのかなど、よく練った「線引き」をつくり、それを支部、後援会に早く知らせ、一つひとつの街頭演説をそれぞれの位置づけにふさわしく成功させましょう。

候補者カーは、夜8時まで時間いっぱい候補者演説を行うことを基本にしつつ、「集い」や有力者訪問など組織活動も適切に組み込むことが大事です。初日と最終日は、活動地域の全域をまわることを重視しますが、その際も候補者演説をきちんと行うことが基本です（最終盤は演説時間を短くしましょう）。

宣伝カーの音が出せるのは朝8時から夜8時までです。それ以前あるいは以後の時間帯に、候補者がタスキをかけて通行者にあいさつすることは自由にできます（マイクは使えません）。

朝・夕の駅頭などでのあいさつは、通勤・通学している有権者の多くにとって、候補者を直接目にする数少ない機会であり、重視しましょう。

選挙作戦のカナメとなる候補者カーの運行は、選対指導部が責任をもち、「線引き」をつくり、候補者演説とスポット原稿をよく検討して、たえず改善していきます。

「線引き」――「荒引き」と「本線引き」

「線引き」は、まず「荒引き」をつくります。それは、地域ごとの得票目標、地域の要求運動や日常活動でのつながり、ターミナルや商店街、団地・事業所、農・漁村など有権者の生活と仕事の流れ、他候補との関係などを考慮し、「平均主義」ではなく、作戦計画にもとづき政治的にメリハリのあるものにします。

朝立ち、夕立ちの計画もはっきりさせます。新興団地、新しいマンションなども考慮して計画を立てましょう。商店街、スーパーの定休日などを確認しておくことも大切です。最終盤の計画は空白にしておき、中盤までの情勢判断にたって具体化するようにします。

「荒引き」の段階で、候補者や支部の意見をよく聞き、「支部が主役」の街頭演説などの計画にも生かすようにします。

「荒引き」ができたら、実際に、時間、演説場所、ルートなどを明確にした「本線引き」を行います。地域の実情に明るい人、交通事情に詳しい人の知恵も借り、場合によっては、事前に試走しましょう。

候補者カーの移動には、余裕をもたせましょう。予定の時間に聴衆に集まってもらったが車が遅れて来なかったとか、フルスピードでの走行を強いられアナウンサーの声が聞きとれないということは、絶対にさけなくてはなりません。移動中、ゲートボール場や母子が遊ぶ公園など人が出ているところ、小規模な団地や商店街などで、状況に応じて3～5分程度のスポット演説ができるくらいの余裕がある計画をたてましょう。

病院や保育園、小中学校などは、日中の時間帯であっても、演説場所にしない、あるいは音量を下げるなどの配慮が必要です。

「本線引き」では、車長・運転手・アナウンサーの名前、応援弁士、休憩場所とトイレ、候補者が休憩中の代理弁士、運転手、アナウンサーなども、はっきりさせましょう。

「線引き」が確定したら、できるだけ早く支部に知らせます。そして、ポイントとなる街頭演説は、党員、支持者はもとより、まわりの有権者を広くお誘いして成功させるようにします。

出発式と「第一声」

地元の方や一緒に共闘してきた方などにあいさつをお願いしましょう。候補者の「第一声」を重視し、元気よく出発しましょう。場合によっては、事務所前での「出発式」は少人数で行い、午前中の一定時間や昼休みなどに適切な場所で人を集め、「第一声」を行うことも効果的です。町会長をはじめ地元の弁士など、工夫しましょう。

■宣伝カーのスポットづくりで大切なこと

選挙本番では、宣伝カーからの「ひとこと」のスポットが有権者に「そうだ、自分の気持ちにぴったりだ」とひびき、選挙情勢を変えることができます。スポットづくりをけっして「実務」として扱わず、担当者と指導部が知恵をしぼってよいものを仕上げましょう。

（1）説明調でなく、端的でわかりやすく

宣伝カーや候補者カーが時速30キロで走行した場合、1秒間に約8・3メートル、時速20キロだと約5・6メートル移動します。有権者の側から言うと、スポットが聞こえている時間は、きわめて短いものです。ですからスポットは、聞こえる範囲を考慮し、説明調でなく、端的でわかりやすいことが大事です。

（2）名前の連呼だけにしない

政党名と議員・候補者名は当然ですが、政治・政策スローガン、日本共産党そのものの押し出しをきちんと入れます。選挙終盤には、情勢判断のうえに立って、「大激戦です。みなさんのくらしがかかった選挙です。なんとしても勝たせてください」、「あとひとまわりふたまわり、ご支持の輪を広げてください」などの訴えも入れます。

（3）「信号待ちスポット」「一時停止スポット」などの作成を

候補者の押し出しや政策、日本共産党や「市民と野党の共闘」への攻撃にたいする反撃、他党批判など、「流し」では伝えきれないものもあります。「信号待ちスポット」「一時停止スポット」などを「流しスポット」とは別につくります。

（4）日々改善する

スポットは序盤用、最終盤用など、たえず改善が必要です。担当者は、車長やアナウンサー、候補者の意見をよく聞いてスポットを練りあげましょう。

3、個人演説会、中央幹部や国会議員が弁士をつとめる演説会

告示後の個人演説会は、公営施設を使用して、党と候補者の訴えができる重要な場です。個人演説会は、原則として回数に制限はなく、自由に開催できます。公共施設を利用して行う場合は、告示後、開催日の2日前までに選挙管理委員会へ届け出ればできます（くわしくは、各都道府県委員会に送付している「公職選挙法にもとづく選挙・実務の手引き」を参考にしてください）。施設の設備を利用して、ＤＶＤやパソコンの動画などを流すことも自由です。

公営施設以外の演説会、「集い」、小集会も自由にできます。地元の方や一緒に共闘してきた方にあいさつをお願いするなど、広く党外の人たちの力も借りて成功させましょう。

告示後の演説会は、広い有権者に政策を知らせるだけでなく、最終盤の党と後援会の決起の場ともなります。5－3の「演説会」の項も参考にして、必ず成功させましょう。参加予定数を大きくこえる「折り入って袋」（「必勝袋」）を用意し、参加者に3部、5部と渡して、「担い手」を広げましょう。演説会の最後には必ず「折り入ってのお願い」をしましょう

中央幹部や国会議員を弁士とする選挙本番中（あるいは告示直前）の演説会は、諸活動の結節点、選挙戦の局面を大きく切り開く演説会となります。全地区・全県的な位置づけを明確にして、特別に重視してとりくみましょう。

■本番中の「まちかど演説」

本番中も「まちかど演説」を重視しましょう。最終盤に向けた宣伝と「担い手」づくりを一体的にすすめるうえで、非常に効果的です。

告示後の宣伝カーの「線引き」のなかに、「まちかど演説」のポイントを設定し、担当する支部に知らせるとともに、事前にチラシやSNSなどで告知をしましょう。「午前中の最後の演説箇所」、「午後の最初の演説箇所」、「夕方のスーパー前」など、なるべく人が出てきやすい時間と場所を定めましょう。党員や支持者が住んでいる近くに設定すれば、その人たちが参加しやすくなります。

4、「選挙はがき」作戦について

「選挙はがき」は、有権者に直接、候補者名をふくめた投票依頼ができるもっとも効果的な宣伝物です。この間、基本政策を知らせるだけでなく、階層や地域の要求をのせたり、「折り入って作戦」の一環として活用するとりくみなどが広がっています。はがきは規定枚数以内なら、何種類でもつくれます。はがき案を作成する前に、①どういう人たちに、②どういう内容のものを、③何枚ぐらい送付するのかを、候補者もまじえて選対指導部で議論をしましょう。

「選挙はがき」を活用した「折り入って作戦」

「支持を広げてください」と書いたはがきを作成し、告示後の「折り入って作戦」として活用する活動です。

さし出す対象は、基本的には日本共産党や候補者を支持してくれる方です。後援会員、「しんぶん赤旗」読者、後援会ニュース読者、候補者の個人的なつながり（以前の職場、同窓生、ママ友・パパ友など）、その他支持者台帳に載っている人などです。電話番号がある人を基本に、それぞれの名簿を準備しましょう。

はがきでは、「一票を争う大激戦」など選挙情勢を伝え、「あなたの力が必要です」、「支持を広げてください」などと、ズバリ訴えましょう。党派をこえた幅広い方、著名な方の名前や推薦文を入れたり、家族の場合、「候補者の夫（妻、子ども）からのお願い」などを入れると有効です。

はがきを出した翌日から、電話をかけて「選挙はがきをお送りしましたがごらんになりましたか？　ぜひご家族やお知り合いに支持を広げてください」などとお願いしましょう。

支持者や後援会の方に「お知り合いにはがきを」とお願いする活動

支持者や後援会の方に、「支持を広げたいので、あなたのお知り合いにはがきを出していただけますか」とお願いする活動です。党支部の結びつき以外のところに支持を広げるうえで、非常に有効です。書いていただく時間を考えて、はがきは早めに準備しておきましょう。

「お知り合いやご家族など、何枚くらいお願いできますか」と聞き、宛名が入っていないはがきをわたし、期日を伝えて、宛名書きをお願いします。宛名を書いていただいたはがきは、こちらから受け取りに行ったり、事務所にもってきていただくこともあります。はがきを受け取るときには、お礼をいいながら、「はがきを出す方に、ぜひお声もかけてください」とお願いしましょう。

要求・関心、結びつきにそったはがき作戦

若者向け、女性向け、子育て世代向け、高齢者向け、医療団体や、障害者団体の構成員向けなど、相手の要求・関心にそったはがきを検討しましょう。候補者の地元向け、要求や実績がある地域向けのはがきにすれば、「地域ビラ」のように活用することができます。その際、「〇〇町にお住いのみなさんへ」などとすれば、より身近に感じてもらえます。

候補者や家族のむすびつきで、〝同窓生のみなさん〟〝教え子のみなさん〟などのはがきも有効です。はがきに一言そえたり、はがきを出した人に電話をかければ、さらに支持が広がります。

5、不在者投票について

前述したように、告示後は期日前投票のとりくみを重視するとともに、不在者投票（病院などでの不在者投票、出張先での郵便投票など）も活用しましょう。国政選挙では、在外投票制度も活用

し、海外在住の方への支持も広げましょう。

6、棄権防止活動――とりくみで結果の明暗が分かれる

投票日当日は、選挙運動はできませんが、投票のよびかけ（＝棄権防止）は、公選法でなんら制限されず自由にできます。地方議員選挙では、毎年、数票差、十数票差で明暗が分かれる経験が生まれています。選挙のあとに「投票日を忘れていた」とか、「自分が投票しなくても当選すると思っていた」と投票に行かなかった支持者がいた、という報告もあります。それだけに最終盤の選挙情勢と棄権防止活動の意義についてしっかり意思統一し、投票箱のふたが閉まるまでがんばりぬくことが必要です。

棄権防止活動の最大の「眼目」は、日本共産党と候補者への支持を約束してくれた人、好意的な人に、一人残らず投票してもらうことです。その際、党組織や党員一人ひとりの「結びつき」を生かし、選挙での協力へのお礼とともに、家族などまわりの人にも投票に行くよう声をかけてもらうようにお願いします。

同時に、日本共産党や候補者を選択肢に入れながら、最後まで迷っている人たちが多くいます。そういう人たちに投票をよびかけるようにしましょう。

肝心なことは、「名簿と順序」です。まず、「マイ名簿」（＝自分の結びつき）、そしてまわりに支持を広げてくれた協力者、支持者に声をかけます。その上で、「好意的」だった人、投票日までに

声をかけきれなかった支持者や「結びつき」に投票をよびかけます。

投票の「後追い」にならないよう、留守が増える前の午前中のできるだけ早い時間にひととおり終えるようにしましょう。そのためにも、棄権防止活動でも協力者・支持者の力を借りましょう。一人ひとりの分担が過重にならないようにしましょう。

棄権防止活動は、事前の準備が決定的です。参加者の組織、電話の確保、名簿の準備と分担など、ぬかりなくすすめましょう。高齢者や足が悪くて「車があれば行ける」という方のために、車と運転手も準備しましょう。

7、法定宣伝物の作成と活用について

選挙本番中に活用できる候補者ポスター、選挙はがき、選挙公報、個人ビラなどの法定宣伝物は、有権者の支持を広げるうえで重要な役割をにないます。党機関、選対指導部は、一つひとつの法定宣伝物で勝負するという意気込みで、作成と活用にあたりましょう。

各種の宣伝物のそれぞれの役割と留意点

選挙の種類によって、できる活動や宣伝物の量が異なっていますので、詳しくは都道府県委員会に送付している「公職選挙法にもとづく選挙・実務の手引き」を参照してください。

〈候補者ポスター〉

公営掲示板で党候補者のポスターが目立つように、候補者ともよく相談し工夫しましょう。名前と顔がよく映えるようにすることが第一です。簡潔な政治・政策スローガン、候補者の押し出し、党押し出しのキャッチフレーズなどが要素です。一目で日本共産党の候補であることがわかるように、党名は必ず入れ、デザインも工夫しましょう。

〈選挙公報〉

地方選挙で、有権者が見聞きしたもので、「役に立った」の第1位が「選挙公報」です（2019年意識調査「明るい選挙推進協会」）。他の候補者とならんで掲載されるので、あいさつ、略歴、公約など、候補者が光る「個性」あるものにすることが大切です。レイアウトも工夫し、党の候補者が複数立候補する場合は、同じようなものにならないようにしましょう。推薦人は、必ず相手の了承を得て掲載しましょう。

選挙公報は、国政選挙と知事選では必ず発行されますが、その他の選挙では、条例で手続きを定めることになっています。

〈政見放送〉

国政選挙と知事選で行われます。選挙宣伝の中で、候補者のテレビ（ラジオ）政見放送はきわめて重要な役割を果たします。

公選法の変更により、2019年参院選の選挙区選挙では、独自に録画した映像の持ち込みができるようになりました。衆議院の小選挙区候補はこれまでどおり経歴放送のみで、名簿届出政党

（比例）のスタジオ収録、候補者届出政党（小選挙区）の持ち込みビデオの作成は中央で行います。

候補者を援助し、有権者の心をとらえる政見放送が行えるようにしましょう。争点、党の政策、党の役割とともに、候補者の個性を生かした原稿をつくることが大切です。構成、使う材料も十分に工夫し、市民運動の方からの意見も取り入れ、視聴者の印象に残る話（選挙区内の話は身近に感じられる）も必ず盛り込むなど、集団的に検討してよく練りあげましょう。

また、テレビ（ラジオ）政見放送の日程が決まったら、すぐに「後援会ニュース」などで党員、後援会員、支持者に知らせ、「見る会」を組織するなど、誘いあって見るように徹底します。

〈法定ビラ〉

衆参院選では3種類まで、市長以上の首長選、県議政令市議選では2種類まで出すことができます。候補者の顔写真、名前は出せませんが、支持を訴えることができます。事前に選挙管理委員会に届けます。積極的に活用しましょう。

〈候補者個人ビラ〉

選挙運動用の個人ビラは、候補者の顔写真と名前を掲載できるとともに、「あなたの一票を」など選挙の投票依頼も可能です。告（公）示後は「民報」などでの候補者の記載ができなくなるだけに、公報以外に、候補者を直接押し出せる唯一の配布宣伝物となります。配布方法は、①新聞折り込み、②個人演説会場内、③選挙事務所、④街頭演説の周辺と限定されていますが、重点地域への新聞折り込みなど、もっとも有効な方法を定めて活用しましょう。都道府県議16000枚、政令指定都市議員8000枚、一般市（区）議4000枚、町村議1600枚を、2種類まで発行できます。国政選挙でも、衆院小選挙区、参院比例・選挙区で発行できます。

候補者の人柄、実績、公約など党と議席の値打ちの押し出しをのせましょう。Ａ４サイズを考慮して文字をできるだけ少なくし、写真やグラフ、イラストも適切に入れましょう。頒布責任者や印刷者の住所、氏名の記載が必要です。

配布にあたっては、選挙管理委員会から交付される「証紙」をはることが必要です。あらかじめ後援会員、支持者の協力も得られるようにしましょう。個人ビラは、候補者カーには必ず積んでおき、演説の際に、候補者カーの周辺で配布しましょう。

8、だれにでもできる活動

選挙戦は、憲法上から本来、各党、各候補者によって政治・政策論戦がもっとも活発に行われるべきものです。ところが、日本の公職選挙法は、「あれもできない、これもできない」と禁止、制限事項が列挙されており、「暗やみ選挙」とも呼ばれています。

しかし、自由にできる選挙・政治活動はたくさんあります。たとえば、候補者などへの投票依頼は選挙期間に限られますが、日本共産党の政策や路線への支持を訴える政治活動は、自由にできます。告示後は、インターネットでの宣伝、投票依頼は、メールを除いて、原則自由です。攻勢的にたたかうことが大切です。

だれにでもできる活動の主要なものを紹介します。

○党員、後援会員が、自分の友人、知人などに、党への支持をお願いすることは、選挙前、本番中に限らず基本的に自由です。電話を使っての支持依頼も、自由にできます。

○選挙期間中、ウェブサイトを使っての支持拡大など選挙運動は自由にできます（メールは候補者、政党などに限られます）。選挙前には、支持拡大など選挙運動にならない限り、政策や政治活動についてのインターネット活用はメールもふくめ、自由にできます（7参照）。

○友人、知人、親せきなどに所用や時候のあいさつで自筆の手紙を出す際、用件のついでに投票を依頼する文章をつけくわえることはできます（投票依頼を目的とした手紙は自筆でも出せません）。

○法定ビラ、「しんぶん赤旗」や「民報」の号外配布なども基本的に自由にできます（衆院選の候補者の名前が入った名簿届出政党ビラは、配布方法に制約があります）。

○選挙前には、ハンドマイクによる政治宣伝活動は自由にできます。また、市・区議会議員選挙が単独で行われる場合や町村長・議員選挙の場合は、選挙本番中でもハンドマイクなどによる政治宣伝（選挙にあたらない）は自由です。メガホンによる肉声の宣伝は、どの選挙でも本番中も自由であり、勢いを示す活動として効果的です。

○友人、知人などに、電話や面接で、「後援会ニュースを読んでください」と訴え、後援会の入会をすすめることはできます。後援会員には、選挙本番中もニュースを配り、合わせて要求を聞き、支持を広げてもらうお願いもできます。

○本番中も、「集い」、小集会、懇談会などの開催は自由です。

○本番中も、選挙にかかわりのないアンケートや署名は、党名で自由にできます。

※詳しくは都道府県委員会に送付している「公職選挙法にもとづく選挙・実務の手引き」を参照してください。

告示前の政治活動を旺盛に

告示前の政治活動は、原則なんの制限もなく、日本共産党そのものを押し出すことなど自由にできます。また、予定候補者を「政治家」として紹介することも自由にでき、地域「民報」号外などで、予定候補者の顔写真やプロフィール、政策を「報道形式」で知らせることができます。

告示6カ月前までは演説会弁士としての「個人」ポスターが可能であり、それ以降、告示までは「政党の政治活動用」ポスターとして、演説会告知の連名の弁士として掲示できます。

政治活動の演説弁士の自己紹介という意味でたすきをつけることは当然であり、なんら違法性はありません。のぼりも同様です。「政治活動」としての演説での「弁士」の紹介であり、正当な活動であることに確信をもちましょう。

7 告(公)示後の活動について

8 選挙スタッフの心得

1、宣伝カースタッフの役割

宣伝カーによる全有権者対象の訴えは、無党派層にも他党の支持者にもどんどん働きかけ、ともに政治を変える一票を、日本共産党と候補者にこぞって寄せてもらう、選挙の「最前線」の活動です。有権者に候補者と党の政策、役割、理念を広く知らせるとともに、候補者の実績、人柄、心情、政治姿勢を示し、支持と共感を広げるための特別の役割をもっています。

国政、知事、都道府県議、市長、政令市議の選挙になると、選挙本番中にマイクによる宣伝活動ができるのは、「政党カー」「候補者カー」だけです。町村長・同議員、一般市議、区議の選挙では、ハンドマイクや「しんぶん赤旗」宣伝カーによる政策宣伝は自由にできます。それだけに、本番中の候補者カー、宣伝カーの一つひとつの演説、アナウンサーの語りかけるスポット（アナウンサー原稿）が重要で、有権者の投票行動に大きな影響をあたえます。

宣伝カーからの訴えは、ビラ配布やポスターの張り出しが困難な地域、マンションなど、文字通り全有権者に党の姿と声を届ける決定的な手段です。

選挙ボランティアの多くは、候補者からの訴えにほれ込んで選挙をたたかっています。宣伝カーでの訴えを広げることは、市民とともにたたかう選挙にしていく上でも重要です。

また、今日の情勢を反映して、共闘の相手や市民、他党幹部が訴えることもあります。対応に気を配り、みんなが気持ちよく宣伝できるようにしましょう。

一つひとつの街頭演説の成功は、聴衆に大きな影響を与えるだけでなく、それが話題にもなり、選挙戦の勢いや流れを変えることにつながります。

有権者の気分・感情を考慮して、柔軟で注意深く対応しましょう。同時に、学校や保育所などでは、宣伝・駐車場所、時間帯に注意しましょう。視覚障害者ブロックをふさがないようにしましょう。「子どもが寝ている」などの苦情には穏やかに対応しましょう。

（1）宣伝カーを効果的に運行させるために

宣伝カーの活動に現場で責任を負う車長（宣伝カー責任者）をおくようにしましょう。配置できない場合でもスタッフリーダーを決めましょう。

候補者（弁士）を先頭に、宣伝カースタッフは、車長（宣伝カー責任者）、運転手、アナウンサーが一つのチームとなって、しっかり連携して団結してこそ、明るく元気に、大きな力が発揮できます。また、宣伝カースタッフ内の意見の違いなどでみんなの力が発揮できない場合もありますす。そうした場合は、選対指導部の必要な指導も得て、宣伝カー責任者を中心に解決をはかりましょう。

（2）告示前の準備　※詳細はチェックリスト（134～135ジペー）を参照

①宣伝カーの器材・資材の整備

安全に運行ができるよう、業者に頼んで車を整備し、必要な機材・資材を点検・整備しましょう。

②線引き（荒引き）にもとづく運行

告示後の宣伝カーの運行計画は、作戦の重要な柱となります。それだけにどこで街頭演説をやるのかを決め、よく練った「線引き」（142～143ジペーの見本例参照）にもとづいて運行することが大事です。「（街頭演説を）以前からここでやっていた」ということではなく、労働者、子育て世代などに向けた宣伝や、候補者の地元対策など作戦的に検討しましょう。選対責任者は線引きができたら、告示前に可能なら一度試走しましょう。

（3）告示後の心得

有権者は宣伝カーの動向に注目しています。宣伝カー運行中、乗務員は、きびきび動き、ハキハキこたえるよう行動することで、有権者に気迫、やる気が伝わります。宣伝カースタッフの言動一つひとつが有権者の注目の対象です。まわりに気を配り、通行人、ドライバーと目があったら、笑顔で手を振り、声援にはお礼のあいさつを返しましょう。スタッフの態度や言動の一つひとつが、日本共産党のイメージをよくも悪くもします。

街頭演説をどう成功させるか。街頭演説の主役は候補者であり、弁士であることを忘れずに、スムーズで効果的な進行に責任をもってあたりましょう。のぼり旗などの配置、スピーカー、マイクの音量調整などの準備をぬかりなく行いましょう。ボランティア募集プラスターも用意し、ビラ配布など、その場から一緒に選挙に参加するようよびかけましょう。

運行中に、困ったことやすぐに解決しなければならないことがあれば、車長（宣伝カー責任者）に相談しましょう。

宣伝カースタッフのミーティングを必ずやりましょう。車長が不在なら、選対責任者などが参加し、候補者、運転手、アナウンサーと一緒に行いましょう。出発時には、ルート、演説場所、スポットの共有、終了時には感想・意見の交流をしましょう。わからなかったことや困ったことを解決し、翌日の活動に生かせるようにしましょう。

有権者の反応、他陣営の動きなど、生の情報を報告書に記入して選対に提出しましょう。選挙の情勢判断や今後の作戦立案の重要な材料となります。

（4）事故を起こしてしまったら

万が一、交通事故などを起こした場合は、現場での人命救助を最優先にしつつ、冷静・機敏に対処し、選対指導部にすぐ報告し、指示を受けましょう。

（5）妨害や干渉には、機敏で毅然とした対応を

右翼や統一協会・勝共連合、公明党・創価学会などの妨害には、機敏に毅然と対応する一方、宣伝カー責任者は乗務員に指示して、ただちに党機関に報告し、指導を求めましょう。宣伝カーには、カメラ、ビデオ、ＩＣレコーダーなどをのせておき、妨害や暴力があった場合には、証拠をとっておくようにします。宣伝カー責任者は車とその周辺から離れないようにして、候補者や応援弁士への直接的な妨害には特に注意を払います。

（6）人の配置で大事なこと

運転手、アナウンサーの確保が難しいからと、安易にベテラン党員に頼らず、「折り入って作戦」と結んで若い世代、現役世代に率直にお願いしましょう。

▩宣伝カースタッフの心得

○スタッフ全員

・演説中も演説前後も明るく、キビキビと動きましょう
・宣伝カーの中や周辺では禁煙
・マイクを入れたままの私語は厳禁

・放送中のアナウンサーへの伝言はメモを渡して

○アナウンサー

・心をこめて、明るく、はっきりと訴えましょう
・間違えたときは、あわてずにやりなおしましょう
・聴衆や周辺へのお礼、あいさつを忘れずに

○運転手

・安全運転を心がけましょう
・有権者に聞いてもらえるよう、ゆっくりした速度で
・後ろに車が並ばないように適宜、後続車を前に出してあげましょう
・ガード、樹木、人家のひさし、張り出し看板などの下を通るときは万全の注意を
・スピーカーの音量や方向は、建物など音の反射によるエコー（こだま）に注意して調整を
・演説中は車両周辺の交通整理をするなど、常に宣伝カーの近くにいること

○宣伝カースタッフ全員

項目	確認	備考
スタッフジャンパー（Tシャツ・ポロシャツ）		
のぼり旗や弁士垂れ幕、プラスターなどの準備		演説が始まる前

○アナウンサー

項目	確認	備考
ビラやスポット（アナウンス原稿）事前読み込み		
候補者(弁士)の名前・肩書きの読み方などの確認		
スポット		
線引き表		
候補の活動地域区割り地図		

○運転手

項目	確認	備考
宣伝カーのカギの管理		
線引き表		
運行計画（走行コースの地図）		

○宣伝終了後

項目	確認	備考
スタッフミーティング		
車内の清掃・整頓		
不足している備品の補充		
選対への報告書の提出		

宣伝カースタッフ　チェックリスト（参考例）

○宣伝カー事前準備

項目	確認	備考
車検の期限の確認		
業者による安全点検		
ガソリン		満タンになっているか
ブレーキ		利き具合はよいか
マイクの感度		音がしっかり出るか
アンプ		音量の調整ができるか
スポット（アナウンサー原稿）		
弁士垂れ幕		
のぼり旗		
スローガン垂れ幕		
旗ざお		
プラスター		
ビラなどの宣伝物		
「赤旗」見本紙		
ボディの清掃		
窓ガラスの清掃		
車内の机の整理・清掃		
ビニール傘		雨天時
カッパ		雨天時
クーラーボックス		暑いとき
飲み物		暑いとき
あめ		
カイロ		寒いとき
除菌グッズ （除菌用アルコールスプレー、除菌シート）		
マスク用除菌スプレー		
マイク用ガーゼ		
候補者カー、政党カーの標記		選挙期間中

2、応援弁士の役割と留意点

応援弁士の組織をきちんと行うことは、演説会成功の重要な条件です。その際、その地域の人びとに影響のある有力者とともに、身近な地元の方などが訴えることも効果があります。これまで日本共産党を支持してこなかったが、今度は支持するというような方の応援演説が組織できれば、支持の広がりに勢いをもたせる大きな力となります。「市民と野党の共闘」の中で党への信頼を強めている方が応援に立っていただけるなら、いっそう大きな力になります。

応援弁士の一番の役割は、その人の立場から、その人の持ち味を生かして、日本共産党と候補者の値打ち、役割などを押し出し、投票をよびかけていただくことです。地元の応援弁士などの場合、主題が一つで、1分、2分という短いものの方が、効果があることもあります。逆に、絶対にさけなければならないことは、候補者が話す内容を「取ってしまう」ことです。

応援弁士への事前の連絡をきちんとして、時間割、場所、話してもらいたい内容、時間を守ってもらうことなど、必要な事項が正確に伝わるようにします。とくに、「線引き」が変更された場合などの連絡ミスが起きないようにすることは、選対指導部の責任です。

3、選挙事務所の位置づけとスタッフの心得

①選挙事務所は選挙戦推進のカナメになるところです。候補者活動の拠点であり、市民とともにたたかう拠点、選挙をつくる場です。党員・支持者はもとより、広範な有権者が訪れ、またマスコミ関係者が出入りする、もっとも注目されるところでもあります。とりわけ、「市民と野党の共闘」が前進している「新しい情勢」のもとで、いっしょに共闘をすすめている人たちや他党の議員や幹部が出入りする機会も増えています。

だれもが、気軽に、気持ちよく出入りでき、また、事務所を訪れることをつうじて、候補者と党への支持を広げる気持ちがより大きくなっていくように心がけましょう。

選挙ボランティアを受け入れるスペースを確保し、受け入れの担当者を決めましょう。

看板は有権者からよく見えるように工夫しましょう。

②事務所は、朝早くから開け、事務所のなかの整理整頓はもちろん、事務所前の掃除、打ち水をはじめ、また、台所、トイレなどをきれいにし、だれもが入りやすいように心がけます。特別のとき以外は、できるだけ入り口は開放し、通行人にも声をかけ、あいさつすることが大切です。

③事務所内には、候補者ポスター、よせがきや檄文、スローガン、お願いしたいことなどをはりだし、雰囲気を盛り上げるとともに、宣伝物、宣伝資料、「しんぶん赤旗」見本紙、後援会入会申し込み書などを準備します。また、湯茶、茶菓子を用意するなど、近隣の人や支持者、後援会員などが気安く入れるよう配慮します。

④事務所では、できるだけ地元の人に受付をお願いしましょう。また、受付がいない場合も、来訪者があったときはてきぱきとした、積極的な対応が大切です。受付簿も用意して、来訪者に記入し

てもらい、初めて訪問された方などは、候補者にも報告し、お礼するように手配しましょう。候補者宣伝物なども渡すようにしましょう。

マスコミとの対応には、原則として地区委員長など党機関の責任のある人があたるようにします。

⑤多くの選挙では、選挙事務所をビラ配布などの出発場所にしたり、党の支援者の集合場所にすることもあります。そうした場合、党内の活動事務所的なスペースが必要となりますが、その場合も、地元の人や一般の方が気軽に出入りしやすい雰囲気をきちんと確保するような運営に心がけましょう。特別大きな事務所でない場合は、宣伝隊の集合などは別の場所に移すように努力しましょう。

⑥選挙事務所では、酒、食事を出してはなりません。また、お酒の差し入れを受けとることも法律で禁止されています。

わが党は、政治活動・選挙活動資金の寄付は個人に限るという原則的立場をとっています。党や候補者を支持する個人からの寄付は歓迎しますが、労組・民主団体をふくめ団体からの差し入れや陣中見舞い、企業名での献金などは受けとってはなりません。外国人による寄付は、法律上禁止されています。また当該自治体の首長などの陣中見舞いは、法律上も受けとれませんので注意し、正しくていねいに対応することが必要です。

4、コロナ感染拡大に伴う感染防止対策

新型コロナウイルス感染拡大をふまえ、街頭宣伝、屋内演説会での候補者、弁士、宣伝カー乗務

員の感染防止対策がますます大切です。

コロナ感染防止対策の基本は、それぞれの地域の行政の指示に従い、適切に対応することです。感染防止対策は、感染状況などによって変化・発展します。下記のマニュアル（参考例）を基本に感染防止の対策を適切に行い、それぞれの現場の状況に応じて、具体的な対策をはかってください。

■新型コロナ感染防止対策マニュアル（参考例）

○感染防止対策の基本

（1）正しいマスクの着用

不織布マスクを鼻から顎（あご）まで覆うように調整し、鼻周りや頬に隙間ができないように正しく着用してください

（2）身体的距離の確保

お互いに手を伸ばしても届かない距離（2メートル程度）を保つようにしましょう

（3）十分な換気

できるだけ2方向の窓を開けるなど常時換気を

（4）三つの「密」を避ける

「換気の悪い密閉空間」、「多人数が集まる密集場所」、「間近で会話する密接場面」を避

けましょう

（5）こまめな手指衛生

アルコールまたはせっけんでの手洗い、うがいをこまめにやりましょう

○候補者、事務所スタッフなどの体調管理

・候補者、事務所スタッフ、宣伝カースタッフの検査、検温を

・活動の途中で体調に異変を感じたら、すぐに現場の責任者に相談を

○事務所活動、宣伝カー運行などでの感染予防対策について

▼事務所では

・消毒用アルコール、体温計を常備し、入室の際に消毒、検温ができるように

・事務所内での不織布マスク着用

・十分な換気を

・会話はマスク着用で

・食事をする場合は「黙食」を

・手で触れる共用部分の消毒を

・「抗原検査キット」の常備

・事務所の広さに応じて、入室できる人数の規制

▼宣伝カー運行、街頭・屋内演説会では
・体調を崩している方、熱を出している方は、ただちに報告し、活動には参加せず、発熱外来の受診を
・マイクは、弁士が替わるたびにアルコール消毒を
・街頭・屋内演説会の際は、宣伝カーから参加者に「マスクの着用」、「お互いの距離をとる」など感染防止の協力をよびかけます
・宣伝カー内の共用部分の消毒
・飛沫(ひまつ)の拡散を防止するため、ＩＣレコーダーに録音した音声も積極的に活用を

○オンラインの積極的な活用を

「自粛」ではなく「知恵と工夫」で攻勢的な選挙に。感染防止のために、選挙戦のあらゆる活動でインターネットを活用し、オンラインでのとりくみを広げましょう。会議では、ＺｏｏｍやＬＩＮＥビデオなどを随時取り入れ、直接集まる回数を減らすなど工夫しましょう。

:〇〇 現在

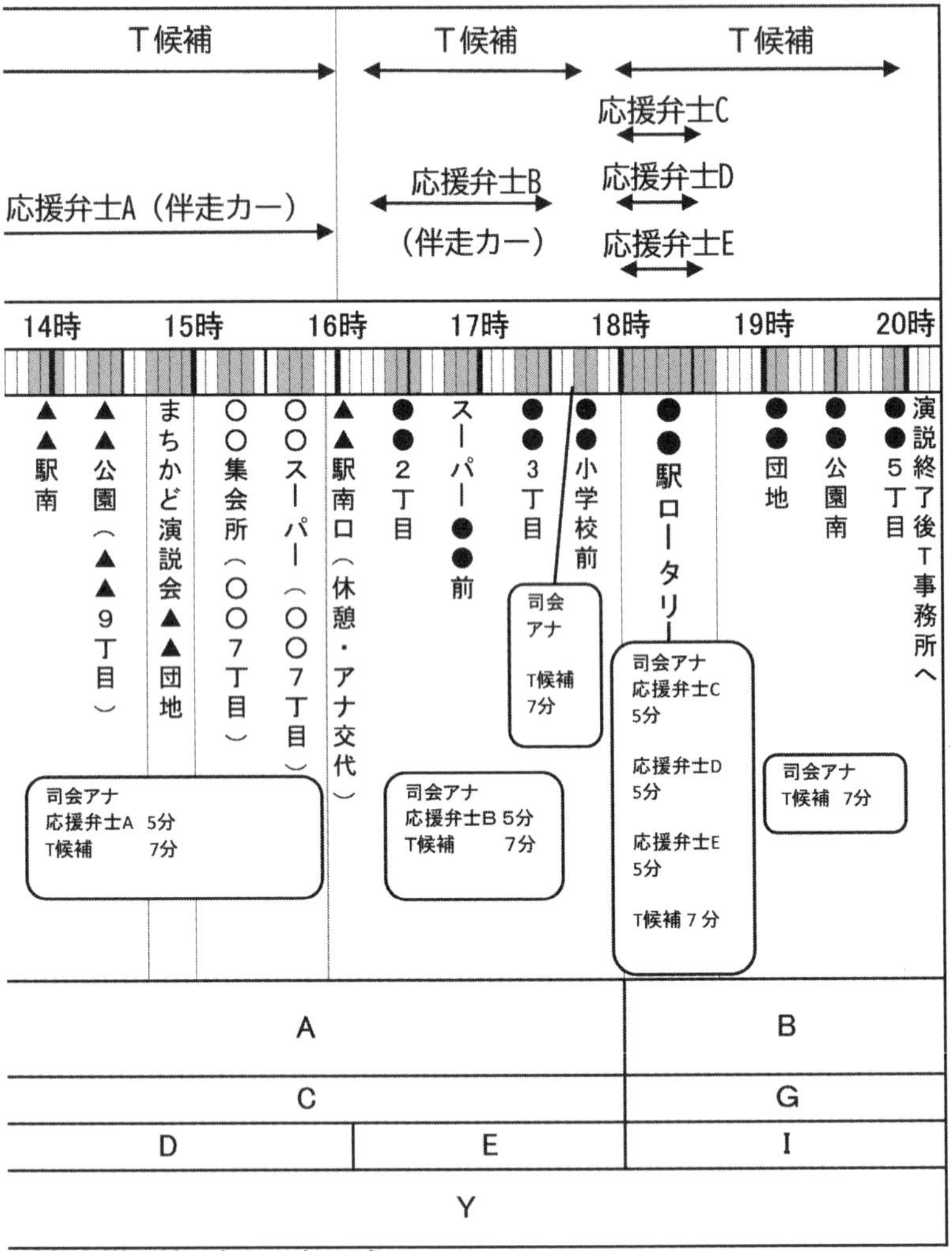

T候補
T候補
T候補
応援弁士A（伴走カー）
応援弁士B
（伴走カー）
応援弁士C
応援弁士D
応援弁士E
14時
15時
16時
17時
18時
19時
20時
▲▲駅南
▲▲公園（▲▲9丁目）
まちかど演説会▲▲団地
〇〇集会所（〇〇7丁目）
〇〇スーパー（〇〇7丁目）
▲▲駅南口（休憩・アナ交代）
●●2丁目
スーパー●●前
●●3丁目
●●小学校前
●●駅ロータリー
●●団地
●●公園南
●●5丁目
演説終了後T事務所へ
司会アナ
応援弁士A 5分
T候補 7分
司会アナ
応援弁士B 5分
T候補 7分
司会アナ
T候補
7分
司会アナ
応援弁士C
5分
応援弁士D
5分
応援弁士E
5分
T候補 7分
司会アナ
T候補 7分
A
B
C
G
D
E
I
Y

所数を増やすようにしましょう

しょう

ある市の選挙中盤の線引き(運行表)参考例

○月 ○日(○)　　　候補者カー　　　○日 ○

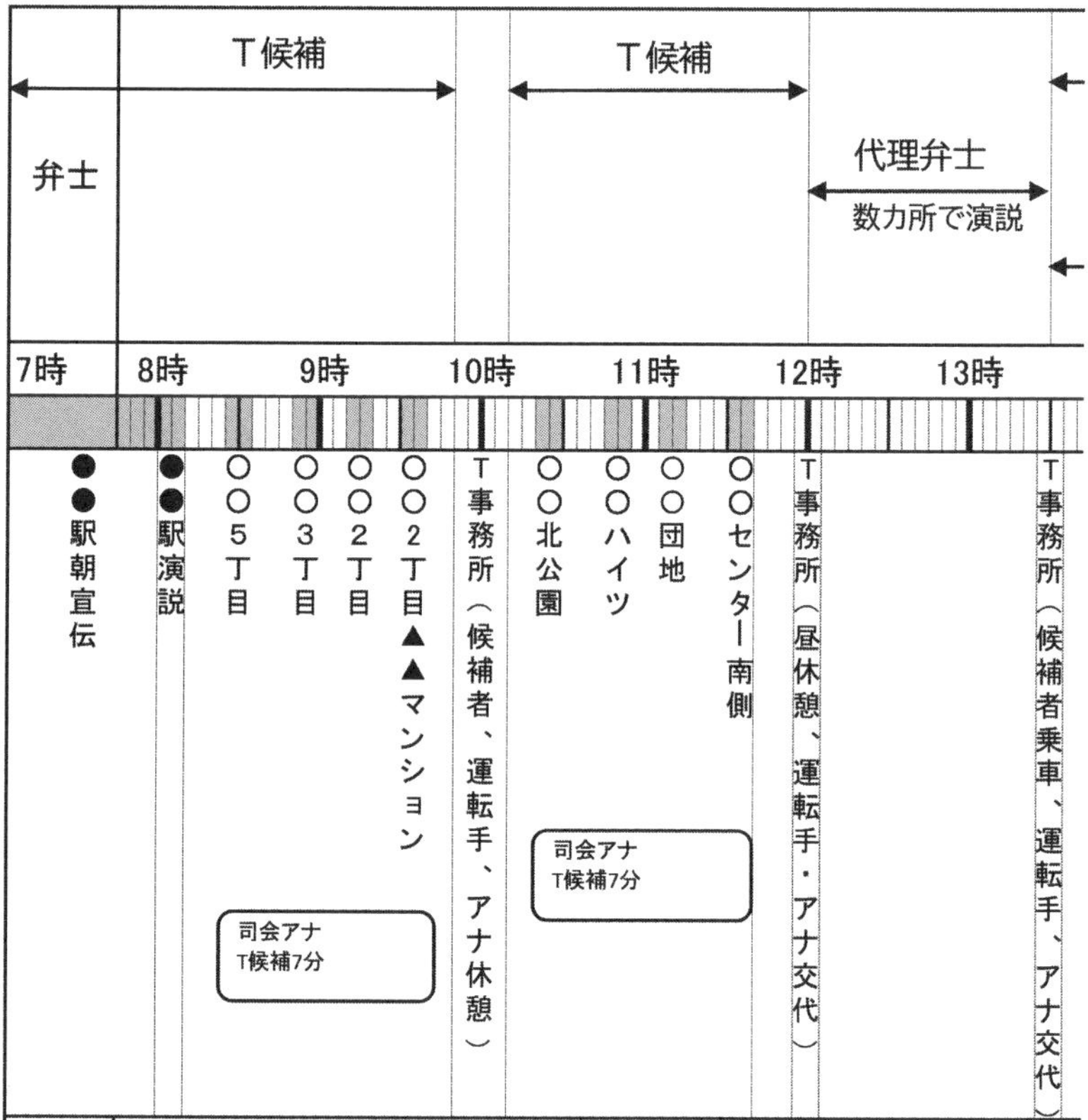

運転手	A	B
アナ	C	E
アナ	D	F
車長	Y(携帯電話番号)	

★候補者演説をできるだけ多くの人に聞いてもらうために、回数、宣伝個
★休憩は適宜とりましょう
★アナウンサーの交代の場所と時間などを具体的に明記するようにしま
★応援弁士の名前と肩書を正確に

9 財政活動

1、予算のつくり方、財政活動のすすめ方

選挙をたたかうには、財政的保障が不可欠です。日本共産党は、選挙戦にあたっても「財政活動の4原則」（党員が納める党費、機関紙誌などの事業収入、個人からの寄付、節約）をつらぬきます。国民の税金を政党が山分けする政党助成金や、企業・団体献金頼みの他党と根本的に異なり、国民の清潔な資金に依拠する党だからこそ、国民の利益を守る立場をつらぬけます。また、選挙直前の募金だけに頼るのでなく、日常的な備蓄が大切です。

新しい層の中でのわが党への期待の広がりは、募金活動にも新しい可能性をつくりだしています。「何か力になりたい」との思いにこたえ、政治参加の一つとして党員だけでなく、党に共感するすべての人びとに広く訴えることです。「折り入って作戦」の中で意識的に募金をよびかけ、一人ひとりのつながりを生かし、一人でも多くの人に訴えましょう。党支部や単位後援会が独自の「訴え」や「募金袋」を作成する場合は、政治資金規正法届出団体である地区委員会との連名にしましょう。

募金のとりくみで大切なのは、「募金活動の3原則」（①募金はあくまで自発的なもの、②割り当ては行わない、③生活が特別に苦しい人の家計に影響するような個人負担はさせない）を堅持し、支部が自主的に募金目標をもってとりくむことが大切です。

選挙戦にあたって、党機関と支部は、積極的な財政計画をもつとともに、節約につとめ、赤字や借金を残さないようにすることが大切です。財政上の負担を議員・候補者や地元党組織まかせにするのでなく、党機関が選挙収支に責任をもち、「党営選挙」の見地をつらぬくようにしましょう。

2、収支報告

選挙本番にあたっては、候補者選対ごとに出納責任者を選任します。出納責任者は、選挙運動費用の収支に責任を負います。選挙運動費用の収支は会計帳簿につけ、収支報告書に記載して、投票日のあと15日以内に選挙管理委員会に提出しなければなりません。また、候補者の選挙運動費用の収支報告の内容は、翌年3月に都道府県・地区委員会が提出する政治資金収支報告書に連動しますので、都道府県・地区委員会の財政部とよく連絡をとって作成する必要があります。収支報告書は公表されます。党機関が責任をもって点検し、提出するようにしましょう。候補者は日常的にも選挙区内の有権者や団体に金品を寄付することが禁止されています。この点もよく徹底し、注意しておくことが大切です。

「国政選挙供託金支援基金」は、異常に高い供託金の障害をのりこえるための全国的な備蓄です。すべての党員によびかけ、毎月、党費といっしょに納めましょう。

3、公費負担について

選挙の公費負担の制度は、国政選挙と、条例が設けられた地方自治体の選挙で実施されます。公費負担制度は、国民の被選挙権を保障し、平等を保障するものとして、積極的な意義をもっています。この制度の活用にあたっては、たんに法や条例に合致しているというだけでなく、税金をムダなく効率的に使うことを求める有権者の目線に立ち、実費にもとづいて請求することを厳格につらぬくことが必要です。公費負担の対象となる宣伝物などの業者との契約額の決定は、個別選対の実務担当者などにまかせるのでなく、党機関が責任をもって判断し対応することが大事です。

9 財政活動

■告示日が迫ってきたら…

○告示直前の情勢判断と対策［5－1　82ページ、5－5　93ページ］

○選挙本番作戦の準備［7－2　109ページ］

論戦・宣伝関連

○法定宣伝物の作成と活用方針［7－7　121ページ］

○告示後の宣伝物［3－1～3　50～63ページ、参考2 150～151ページ］

組織関連

○「選挙はがき作戦」［7－4　117ページ］

○届出など選挙実務［参考2 150～151ページ］

■告示後の活動は…

○最終盤の情勢判断と対策［7－1(2)　108ページ、5－5　93ページ］

○告示後にできる活動［7－8　124ページ］

○候補者カーの活動［7－2(2)　110～115ページ、7－3　117ページ、8　128～143ページ］

○棄権防止活動の準備［7－6　120ページ］

参考1 候補者決定から投票日まで計画的に準備を

※候補者決定から投票日まで、どのような準備をすればよいか、それぞれの時期に何が大切かを、参考として示します。「手引き」のどのページにあたるのかも目安として記しました。

日常的には「選挙活動の4つの原点」(28ページ) にもとづく活動をすすめましょう。政治目標については1−4 (22ページ) を、候補者決定については1−5 (24ページ) も参考にしてください。

■候補者を決定したらただちに

○選対の確立 [5−1 82ページ]

○得票目標と支持拡大目標の決定 [1−4 22ページ]

○候補者活動の援助 [6−2 99ページ]

○選挙作戦計画 (政治組織方針) の確立 [5−2 84ページ]

——情勢判断と対策 [5−1 82ページ、5−5 93ページ]

——SNS対策の具体化 [4 73ページ、5−2(5) 88ページ]

——演説会、決起集会などの設定 [5−3 90ページ]

——選挙予算の作成 [9 144ページ]

——選挙事務所の準備 [8−3 136ページ]

論戦・宣伝関連

○宣伝計画の策定 [「4つの原点」その2 31ページ、5−2(2) 85ページ]

○基本政策・基本ビラの作成 [3−1〜3 50〜63ページ]

○候補者宣伝物の作成 [3−5 66ページ]

組織活動

○「折り入って作戦」[1−3(2) 20ページ、2−2「4つの原点」その2 38ページ]

○「集い」の推進 [2−3 47ページ]

○対話・支持拡大 [2−2「4つの原点」その2 36ページ]

○後援会活動 [2−2「4つの原点」その4 44ページ]

3、本番の実務準備（届出分を除く）

項目		確認
候補者ポスター		
選挙ハガキ		
候補者のホームページ、ブログなど		
選挙事務所	事務所の確保	
	事務所看板	
	看板照明など	
	選挙事務所責任者、スタッフ	
	電話、ファックス、事務用品など	
	接待用具（茶器、湯のみ、など）	
候補者関係	タスキ、胸花、手袋	
	演説例、原稿	
	候補者の健康、学習	
候補者カー関係	候補者カー、看板、マイク、アンプ	
	運転手、車長	
	アナウンサー、ユニホームなど	
	スポット（流し、信号待ち用、など）	
	応援弁士	
	候補者垂れ幕、候補者のぼり	
	要求のぼり	
	湯茶、雨具、のど飴など	
	録音機器、カメラ、ハンドマイクなど	
	線引き、運行計画	
	配布用宣伝物	
確認団体の車（上記に準じる）		
第一声	第一声の計画、プログラム	
	第一声の案内	

4、演説会の準備関係

項目	確認
開催計画	
会場の確保	
演説会告知看板、照明など	
演説会看板、弁士めくりなど	
プログラム	
応援弁士	

5、選挙後

項目	確認
収支報告	
選挙用ポスターの撤去	
公費負担関係	

参考2 実務準備点検表（参考例）

この実務準備点検表（参考例）は、選挙時の届出、選挙準備などの実務をぬかりなく行うためのものです。

1、候補者の届出

立候補届出

<table>
<tr><th colspan="2">項目</th><th>確認</th><th>備考</th></tr>
<tr><td colspan="2">立候補届出書</td><td></td><td>ホームページ、ブログなどのＵＲＬも</td></tr>
<tr><td colspan="2">戸籍抄本</td><td></td><td></td></tr>
<tr><td colspan="2">所属党派証明書</td><td></td><td></td></tr>
<tr><td colspan="2">宣誓書</td><td></td><td></td></tr>
<tr><td colspan="2">供託証明書</td><td></td><td></td></tr>
<tr><td colspan="2">通称使用申請書</td><td></td><td>通称を使用する場合</td></tr>
<tr><td colspan="2">出納責任者届</td><td></td><td></td></tr>
<tr><td colspan="2">報酬を支払う運動員届</td><td></td><td>使用する前</td></tr>
<tr><td colspan="2">選挙事務所設置届</td><td></td><td></td></tr>
<tr><td colspan="2">開票立会人届</td><td></td><td>投票日の３日前午後５時まで</td></tr>
<tr><td colspan="2">候補者カー関係届（積載許可証など）</td><td></td><td></td></tr>
<tr><td rowspan="3">公費関係届</td><td>候補者ポスター</td><td></td><td rowspan="3">条例で定めがある場合のみ</td></tr>
<tr><td>候補者カー</td><td></td></tr>
<tr><td>選挙運動用ビラ</td><td></td></tr>
<tr><td colspan="2">候補者印（持参）</td><td></td><td>届出に当たっては必須です</td></tr>
</table>

その他の届出を必要とするもの

項目	確認	備考
選挙公報		公報がないところもある、条例の定めによって電子データ届あり
選挙運動用ビラ		
個人演説会開催届		公営会場の場合、２日前

2、確認団体の届出（確認団体のある選挙のみ）

項目	確認	備考
確認団体の申請、同意書など		ホームページ、ブログなどのＵＲＬも
確認団体の政治活動用ポスター		首長選挙、県議・政令市議選
法定ビラ		知事、市・区長、県議、政令市議
政談演説会開催届		知事、市・区長、県議、政令市議
機関紙誌届		

選挙活動の手引き　2023年版　〈部内資料〉

2022年12月24日　初　版

著　者　日本共産党中央委員会選挙対策局
発　行　日本共産党中央委員会出版局
〒151-8586　東京都渋谷区千駄ヶ谷4-26-7
TEL 03-3470-9636 / mail:book@jcp.or.jp
http://www.jcp.or.jp
振替口座番号 00120-3-21096
印刷・製本　株式会社 光陽メディア

落丁・乱丁がありましたらお取り替えいたします

ISBN978-4-530-01714-1　C0031　Printed in Japan